スタートアップ協業を成功させる
BMW発の新手法

ベンチャー
クライアント

木村将之
グレゴール・ギミー

日経BP

はじめに

　本書では、ドイツ BMW が生み出し世界各地に広がった新しいオープンイノベーション手法「ベンチャークライアントモデル（Venture Client Model)」を紹介する。ベンチャークライアントモデルとは、戦略的利益の実現を目指して「スタートアップの顧客になる」手法である。海外では BMW の他に、ドイツ Bosch（ボッシュ）、ドイツ Siemens（シーメンス）、フランス L'Oréal（ロレアル）、フランス TotalEnergies（トタルエナジーズ）、スペイン Telefónica（テレフォニカ）、スイス Swiss Re（スイス・リー）、欧州 Airbus（エアバス）、フランス AXA（アクサ）などが採用し、10 を超える業種で活用が始まっている。

　BMW はベンチャークライアントモデルを活用することで、いち早く ADAS（先進運転支援システム）を自社の量産車ラインアップに搭載した。工場内におけるクルマの自動運転の仕組みを驚くべき低価格で実現し、車内で気軽に楽しめるコンソールゲームシステムを 1 年足らずの期間で実装した。直近では製造ラインにヒューマノイドロボットを投入する商用契約をスタートアップと結ぶなど、スタートアップを活用したイノベーションを起こすことに成功している。同モデルを活用することによって、毎年約 30 のスタートアップ製品の評価、購買を行い、これまでに 20 社以上を正規のサプライヤーとして迎え、収益向上とコスト削減を達成している。

　現在、世界の時価総額の上位には米 Alphabet（アルファベット、Google として 1998 年創業）、米 Meta（メタ、Facebook として 2004 年創業）、米 Amazon.com（アマゾン・ドット・コム、1994 年創業）、米 NVIDIA（エヌビディア、1993 年創業）など、2000 年前後に創業をした元スタートアップが名を連ねる。誰もが認めるイノベーティブな製品

である米 Apple（アップル）の iPhone では、イノベーティブな体験を支える顔認証、ワイヤレス充電、オーディオ編成、自然言語処理、写真の仕分け技術などにスタートアップ発の技術が使われている。Apple の成長を支えたのはスタートアップであるといっても過言ではない。

スタートアップが競争力の源泉となる中、企業が外部のアイデアや技術を積極的に取り入れて新しい製品やサービスの開発を加速させるオープンイノベーションへの注目度が高まった。どの大企業も「スタートアップの成長を自社の成長に取り込むことができたら」「急成長するスタートアップと協業し、競争優位を確保できれば」と考えるようになった。スタートアップは先進的な技術と素早さを備え、大企業は安定した品質と規律が取れた体制を持つ。前述の iPhone の事例のように、両者が組めば大きな成果が生まれることは想像に難くない。

とはいえ、オープンイノベーションを確実に成功させる魔法の杖は存在しない。大企業とスタートアップとでは、企業文化、スピード感、製品開発手法が異なるためだ。そんな中、多くの企業は高確率で成功するオープンイノベーション手法を探し続けた。例えば外部のスタートアップに広く自社との協業を呼びかけるプログラムを運営する方法（アクセラレーションプログラム）や、資本出資を伴う方法（コーポレートベンチャーキャピタル）、外部から起業家を招き入れる方法（EIR）などである。試行錯誤を繰り返し、今まで数々のオープンイノベーション手法がはやっては廃れてきた。自社の企業にフィットする方法を見つけ出してうまく運用している企業もあるが、多くの企業はオープンイノベーションの実践に苦しんでいる。

筆者はスタートアップの成長支援でキャリアを始め、15 年間一貫してスタートアップと大企業の成長支援、オープンイノベーションの推進に

力を入れてきた。決して成功ばかりとはいえず、今もオープンイノベーションの難しさを感じている。スピードを重視し、リーンスタートアップの考え方でプロダクトを市場に問い続け、挑戦を続けるスタートアップと、内部の検討で石橋をたたいてたたき割る大企業では文化的な相違が大きい。

　さらに難しさを感じる点がある。スタートアップと大企業は協業する仲間になる可能性もあれば、市場で競争するライバルにもなり得る。知的財産を巡っても、お互いに自社のコアの技術を知的財産化してビジネスを有利に展開したいという思いがある。特に自社の得意とする領域での両者の取引には潜在的にコンフリクト（衝突）がある。大企業側はスタートアップが自社と近い領域で研究開発を行っている場合、情報を受け取ることや協業に向けた必要な協議を拒むことさえある。同領域でスタートアップから知財侵害や機密情報の流用などで訴えられるリスクを必要以上に恐れるからである。あるいは事業に関する情報をスタートアップ側に活用されるリスクを恐れ、協業を行うのに必要な情報を開示しないこともある。

　逆にスタートアップの立場からすると、競争優位となる技術を持つスタートアップを大企業が自社だけに囲い込もうとする傾向を感じている。ひどい場合には、大企業がスタートアップの技術を盗用しようとしているように感じることすらある。このような経験をしたスタートアップもまた極度に情報の扱いに慎重になり、初期段階で大企業に対して過度なコミットメントを求める。

　このようにして、お互いの理解が深まる前に、両者の溝が大きくなり牽制（けんせい）をし合うばかりで時間だけがたってしまうケースを多く見てきた。結果、スタートアップと大企業の取引において、取引コス

トが上がりすぎ、結果スタートアップの売り上げは伸びず、大企業も協業の機会を逃してしまうという事態が発生しているのである（図0-1）。

　一方で筆者は、協業がうまくいくケースも多く経験してきた。お互いが足りない点を補い、取引関係が明確であるケースである。スタートアップの製品をそのまま利用する場合や、大企業の販売チャネルを活用した代理店契約、必要な技術を製品にインテグレーションするためのライセンス契約やM&A（合併・買収）、足りない点を双方が補う共同企業体（JV）などがこのケースに該当する。この中で特に有効で再現性が高いのが、本書で紹介する「スタートアップの顧客になる」手法である。これにはスタートアップの製品をそのまま利用する方法や代理店契約、新製品にインテグレーションするためのライセンス契約が含まれる。

　顧客になる手法が有効である点は、筆者の経験とも完全にオーバーラップする。筆者は、2015年からシリコンバレーで拠点を立ち上げ、日系企業のオープンイノベーションを推進する活動をしている。「シリコ

図 0-1　大企業とスタートアップ双方が抱える不安

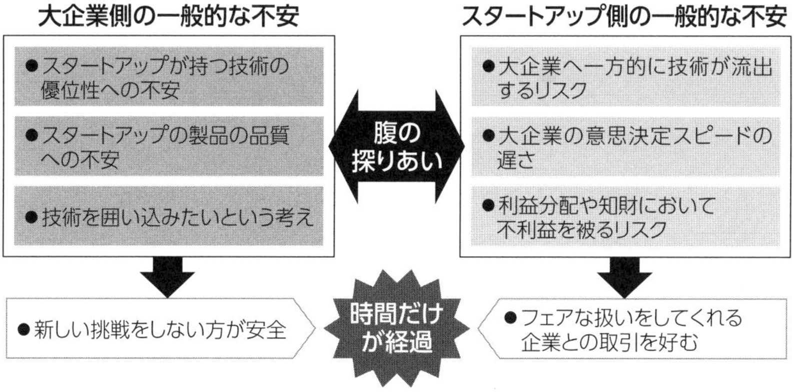

大企業側の一般的な不安
- スタートアップが持つ技術の優位性への不安
- スタートアップの製品の品質への不安
- 技術を囲い込みたいという考え

腹の探りあい

スタートアップ側の一般的な不安
- 大企業へ一方的に技術が流出するリスク
- 大企業の意思決定スピードの遅さ
- 利益分配や知財において不利益を被るリスク

時間だけが経過

- 新しい挑戦をしない方が安全
- フェアな扱いをしてくれる企業との取引を好む

ンバレーの有名スタートアップにはアクセスできないし、相手にされない」というのが通説であった。一方で私は渡米直後の活動開始から不思議な経験をすることになる。2015 年に新規株式公開（IPO）を行った米Fitbit（フィットビット）との出会いである。

Fitbit は当時、飛ぶ鳥を落とす勢いであった。同時期に日本の大手生命保険会社が顧客になりながら協業をする打診をしたところ、すぐに喜んで対応してくれ、その後、まもなく Fitbit は同社と戦略的な取り組みを開始したのである。日系企業が Fitbit にカスタマイズされた開発など多くを求めず、Fitbit 側があらかじめ準備している API（アプリケーション・プログラミング・インターフェース）から取得できるユーザーデータを活用する顧客になったことが突破口であった。

本書で紹介するベンチャークライアントモデルは、世界最高峰のスタートアップの顧客になり、スタートアップの力を自社の戦略的な利益のために活用することを、再現性をもって実現する方法である。本書の共著者でありドイツ 27pilots（27 パイロット）の CEO（最高経営責任者）である Gregor Gimmy（グレゴール・ギミー）が BMW 在籍時に自らの取り組みを通して再現性のある形で定式化したのが起源とされている。

図 0-2 ベンチャークライアントモデルを構成する 5 つのステップ

出所：27pilots

ベンチャークライアントモデルは、戦略性を持ち、組織的に営まれる、5つのステップからなる手法である（**図 0-2**）。

　スタートアップの顧客になる手法がなぜ有効で再現性があるか。さらに効果を高める運用はどのように達成されるのか。ぜひ、本書をご覧いただきたい。

目　次

CHAPTER 03 第3章
スタートアップに選ばれる
ベンチャークライアントになろう

CHAPTER

01

第 1 章

なぜ、ベンチャークライアントモデルか

1-1 なぜスタートアップが必要とされるか

　本章では、なぜスタートアップと組むことが競争優位につながるのか、スタートアップの顧客になることが有効なのかについて解説していきたい。

　スタートアップは未来の競争優位性を生み出す存在として、世界中で注目度が高まっている。いわゆる VUCA（変動性、不確実性、複雑性、曖昧性）の世界において、マクロ・ミクロ経済状況の変化がかつてないほど速いペースで進んでいるためだ。技術の進展や新しい価値観の台頭により、DX（デジタルトランスフォーメーション）や脱炭素対応、SX（サステナビリティートランスフォーメーション）がここ数年で、どの企業にとっても待ったなしの話となった（**図 1-1**）。製品の複雑化に伴い、企業は競争優位性を保つために、自らが本業として培ってきた分野以外の多くの技術を外部から調達しなくてはならなくなった。デジタルや脱炭素対応の技術の裾野はとてつもなく広く、自社だけで開発するには限

図 1-1　確実性の世界から VUCA 世界へ

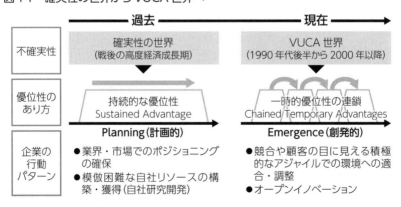

界がある。特に DX や SX などの新技術分野で期待が集まるのがスタートアップである。

　スタートアップの技術をいち早く採用することで、製品やビジネスモデルの革新、業務プロセスや企業文化の変革といった事業目標が達成され、収益の向上もしくはコスト抑制が促進され、企業の競争力が向上する。スタートアップを競争力の源泉にしようという傾向は、近年ますます強まっている。

　競争優位を得るために重要なのが、差別化の源泉となる「とびっきり」のスタートアップと組むことである。既存のサプライヤーが実現できることはそのまま任せるのが合理的である。一般的に、既存のサプライヤーは安定した品質と量産体制を備えているからである。一方で、スタートアップしか達成できないレベルの技術もある。

　なぜ、スタートアップは優れた技術やサービスを開発できるのであろうか。答えは簡単である。スタートアップの方が、動きが素早く、かつヒト・モノ・カネなどの資源を豊富に持っているからである。米Bloomberg（ブルームバーグ）の 2022 年のデータによると、世界では年間 6000 億ドル以上のベンチャーキャピタルによるリスクマネーがスタートアップに投資されている。例えば、1999 年にイスラエルで創業した Mobileye（モービルアイ）は、先進運転支援システム（ADAS）のリーディングカンパニーとなった。エルサレム・ヘブライ大学のコンピューターサイエンス教授である Amnon Shashua（アムノン・シャシュア）氏の大学での研究技術を基に創設されており、上場前の 2013 年までに少なくとも 6 億ドルを集めた。イスラエルの優秀な研究者を引き付けつつ開発を続け、ADAS のトップ企業としての地位を確立した。直近で話題の米 OpenAI（オープン AI）も 130 億ドル超を調達し、同分野の

先進的な研究者約 800 人超（2024 年 2 月時点）で開発を行っている。スタートアップは多額の資金を調達して、ストックオプションを含めた柔軟な報酬制度で優秀な人材を集め、特定の領域に特化した開発を進めているのである。

　さらに、スタートアップは生存本能を基に、非常に素早く市場へのフィットを行う。スタートアップは資金調達においても、通常 18 カ月から 24 カ月分の資金しか調達しない。その短い期間に、自らのプロダクトの優位性、有効性を証明しなくてはならない。私もスタートアップの資金調達を支援する過程で、シリコンバレーのスタートアップが最初の企業価値がつくラウンド（シリーズ A と呼ばれる）に向けて大企業との契約××件などの条件を課されている事例に何度か遭遇したことがある。自社の価値を証明できなかったスタートアップは退場を余儀なくされる。そのため自らの技術を、顧客からフィードバックを受けられるプロダクトに仕立てた後、潜在顧客と対話しつつ市場の要望に応えられるように徹底的に磨き上げる。高速のフィードバックループを回すので、とにかく市場へのフィット、顧客開拓が早い。

　注目を集める領域では、数百、数千のスタートアップがしのぎを削る。筆者がシリコンバレーで活動を開始した 2015 〜 2016 年は、様々なデバイスをワンプラットフォームで管理できる IoT（インターネット・オブ・シングズ）プラットフォームや自動運転のための 3D センサーである LiDAR（レーザーレーダー）センサーのブームであった。いずれの領域も 100 を超えるスタートアップがしのぎを削り、生き残ったのはわずかに数社である。こうした生存競争の激しさも技術の成熟に貢献する。

　大企業の R&D（研究開発）部門を想像してほしい。客先からのフィードバックを受けるにも、長い承認プロセスを経なくてはならず、通常、

完成度が高い製品しか実証実験することすら許されない。また、研究開発体制も初期段階では多くの場合が数人チームである。スタートアップのような潤沢なリソースを注ぎ込んだ開発は難しい状況である。逆説的であるが、スタートアップの方が資源優位で、チャレンジする環境も整っているのである。

　生存競争を生き残ったスタートアップは技術力でも他を圧倒する力を持つ。前述の Mobileye の技術レベルは非常に高く、ドイツ BMW の自律走行の調達チームは自動車サプライヤーと何十種類ものマシンビジョン製品をテストしたが、Mobileye が開発したものしか使わないと主張した。当時、BMW はドイツの自動車部品メーカーとさまざまなイノベーションに取り組んでいたが、市場に出回っている他のどの候補製品よりも、Mobileye の製品の検証結果は桁違いに優れていたのである。

　BMW は 2008 年に Mobileye の技術、製品を採用することを発表し、本格採用に向けて開発を進めた。Mobileye のテクノロジーを採用し、世界で初めて BMW 7 シリーズに 1 台のカメラによって車線逸脱警報、インテリジェントハイビームコントロール、交通標識認識による速度制御機能を搭載することに成功した[1]。BMW 7 シリーズは北米で大きくシェアを伸ばし、BMW の本業の収益に貢献した。他では持たないような技術を持つスタートアップの活用は、大企業の競争優位に直結するのである。

　特に DX や SX などの領域において、企業の競争力はますます社外の最先端技術を活用できるかどうかに左右されるようになっており、その有望な競争資源がスタートアップというわけである。

[1]　https://www.electronicdesign.com/markets/automotive/article/21796716/mobileye-eyeq1-soc-powers-continental-camera-for-bmw-7-series

1-2 試行錯誤のオープンイノベーション

　一方で、日本企業はもとより、世界中の企業が有効なスタートアップとのオープンイノベーションを実現できずに苦しんでいる。皆さんは「イノベーションシアター」という言葉を聞いたことがあるだろうか。イノベーションごっこともいわれる。「我が社はイノベーションで事業を創る」などと掛け声は勢いよくかかっているものの、一向に事業の創出などの成果が実現されない状況をいう。大企業とスタートアップの連携においては、PoC（概念実証）やスタートアップへの出資などは増えてきているものの、事業インパクトを生む取り組みは数えるほどしか聞こえてこない。PoCを開始したとしても本格導入や開発に至らない「PoC病」や、出資をしたものの協業の成果が生まれない「出資完結病」がまん延しているのである。

　このようなことを繰り返している企業は、徐々にスタートアップからも相手にされなくなる。過去には、シリコンバレーのスタートアップを訪問する日本企業について「日本からの訪問者は質問ばかりで、意見交換というよりも会話が一方通行である場合が多い。なぜなら、調査目的、勉強目的という極めて自分都合の面会が多いからである。こんなことを続けていては、日本の評判は悪くなるばかりだ[2]」という辛辣なコメントが新聞をにぎわせたこともある。直近2024年の3月にも、テクノロジー業界の著名人の「ITスタートアップの世界では、シリコンバレーに世界の才能が結集しています。以前は日本企業がよく視察に来ていましたが……。今では日本企業というだけで出入り禁止の企業がたくさんあり

---

[2]　日本経済新聞　2014年4月13日

ます。(中略) 話を聞くだけ聞いて『勉強になりました』と帰っていくからです」というメディアでの発言がSNSでも注目を集めた[3]。イノベーションごっことみなされてしまうと、誰にも相手にされなくなり、まさに一人芝居を繰り返すことになる。

　日本企業も「世界最高峰のスタートアップとオープンイノベーションを!」の掛け声のもと、多くの企業がシリコンバレーに拠点を開設し、オープンイノベーション活動に邁進 (まいしん) してきた。しかしながら、スタートアップとの協業活動や投資活動が成果に結びつかず、多くの日本企業が夢破れ活動縮小を余儀なくされた。どの企業の担当も本気で取り組んでいたが、それでもうまくいかなかった。それほどに世界トップスタートアップとの連携は難易度が高い。

　この原因には、「そもそも米国と欧州の市場の優先度が高く日本企業は相手にされない」「海外の企業とは文化も違う」「本社のコミットメントが足りない」など様々な理由が挙げられる。中期経営計画をはじめとする全社戦略との連動、明確な目標設定、組織の役割の分担、インセンティブ設計、イノベーション責任者の理解とサポート、担当者の実行力、様々な要素がかみ合わさってはじめて協業は前進する(図1-2)。一方で、いずれかの要素が少しでもうまくいかないとあっさりと中断、協業はお蔵入りになってしまうのである。

　一方で、少なからず成功する企業に求められる力学も分かってきた(図1-3)。企業側の目標が明確であり、事業部やR&D部門のニーズも明確になっており、それに基づき探索部隊がスタートアップを探索し、自分たちの取り得る手法も明確にした上で協業をスムーズに実施してい

[3]　東洋経済オンライン「日本の会社員が『世界中から嫌われる』納得の理由」2024年3月26日
https://toyokeizai.net/articles/-/729690?page=3

るケースである。積極的に取り組む日本企業からも世界のトップスタートアップと有効な協業が行われる事例がみられるようになってきている。

　日立ソリューションズは、日本市場を中心とした自社顧客への展開を目的に、シリコンバレーの最先端スタートアップとの協業を進める。直近では、コンスタントに年間5件以上の協業を実現し、スタートアップ協業からの売上高は年間約200億円を超えている。協業先の中には、Fortune 100の会社のほとんどすべてに導入されているデジタルホワイトボードのMiro[4]や、年間72億ドル超の売り上げがあるプラットフォーム型の人事管理システムのWorkdayが含まれる。

　日立ソリューションズ 戦略アライアンス部 部長の市川博一氏は、シリコンバレーに事業責任者として駐在し、同社の仕組みを構築した経験を持つ。同氏は「弊社は戦略的利益を目的に、いち早くスタートアップ

図1-2　スタートアップとの協業によるイノベーション創出の構造

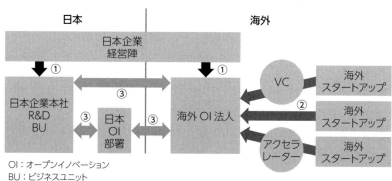

[4]　https://techcrunch.com/2022/01/05/visual-collaboration-company-miro-valued-at-17-5b-following-400m-in-new-funding/

の顧客になることを重視している。この点、非常にベンチャークライアントモデルに近い手法である。生成 AI などは技術の進展が非常に早い。これらの領域ではとにかく早く事業化をする必要がある。顧客が何を求めているかをいち早く察知し、自社で使ってみて、良ければ販売するという手法が有効である」と語る。まずは顧客となってから協業する手法は、先進的 IT ソリューションを日本に展開する際の典型になっている。

図 1-3　スタートアップ協業体制の構築における初期検討課題

項目		検討すべき事項
① 戦略連動	全社戦略、 中期経営 計画との整合	●中期経営計画の中でどのようにオープンイノベーションを位置付けるか？ ●戦略的インパクト（収益向上、費用削減）に直結する目標が設定できるか？
	事業戦略連動 協業領域の 決定	●スタートアップとの協業領域をどのように定義するか？ ●技術を探すのか？　ビジネスモデル型の企業を探すのか？
② スタート アップ との接点	スタート アップへの提供 価値明確化	●何がスタートアップへの提供価値か？（資金、情報、販路提供、データ） ●購買、協業、投資、合弁、買収いずれの手法で協業するか？
	現地での パートナー 選定	●ターゲットとなるスタートアップとどのようにつながりを持つのか？ ●スタートアップへのアクセスを可能にしてくれるパートナーは？
③ 組織連動 （意思決定、 インセン ティブ）	事業部、 R&D部門との 協力体制	●どのタイミングで事業部を巻き込み、事業部ニーズを把握するか？ ●R&D部門とスタートアップの技術どちらを優先するか、適切な評価方法は？
	組織体制	●事業部の目標にスタートアップ協業をどのように折り込むか？ ●事業開発の結果が出るまでの KPI をどうするか？
④ 人材 タレント	スキル	●スタートアップとビジネス構築、交渉ができる人材を育成・配置できるか？ ●技術的、ビジネス的な目利きができる人材を登用する必要はあるか？
	給与、制度	●イノベーション、投資人材との給与相場の違いをどのように整理するか？ ●成功に対するインセンティブ設計をどのように行うか？

　小松製作所（コマツ）は建機を提供するにあたって、顧客の工事現場での測量効率化をスタートアップと実現する。米スタートアップのSkycatch（スカイキャッチ）とパートナーシップを結びドローンからの空撮画像を基にデジタルツインを生成する[5]。これによって、顧客企業は工事現場の地上基準点（GCP）を必要とせずに、高精度の航空データをスマート建設ワークフローにシームレスに統合することができる。50mm（ミリメートル）以下の精度のデータを、30分以内に一貫して提供できるため、膨大な時間と人件費を節約できるようになる。実際に異なる顧客のために5日間で6つの採石場を調査し、クラウド上で処理を行い、翌日にはデータを受け取ることができたという。従来の測量方法では、プロジェクト関係者が現場データを閲覧または分析できるようになるまで数週間を要することがあった。大きな効果を得て、世界各地の現場で本格導入・販売を実施している[6]。

　自動車用ヘッドランプを手掛ける小糸製作所は、2017年米国カリフォルニア州にシリコンバレー研究ラボを開設した。ADASや自動運転技術が進展すれば、自社が高いシェアを誇る車の四隅を占めるヘッドランプやリアランプに、自動運転の目の機能を果たすといわれるLiDARを内蔵する機会があると考えた。外部協業により主にOEMに対して、小糸製作所がティア1、LiDARメーカーがティア2という役割分担で製品を納入することを志向していたとされる[7]。当時LiDARは非常に活況となっていた技術領域で100にも上るLiDARスタートアップがしのぎを削っていたが、同社は米Cepton Technologies（セプトン・テクノロジーズ）をパートナーとして選出した。2018年より車載用LiDARの共同

[5] https://blog.skycatch.com/komatsu-and-skycatch-announce-agreement-to-distribute-high-precision-solution-worldwide

[6] https://www.gpsworld.com/skycatch-and-komatsu-australia-partner-boost-efficiency-with-high-precision/

[7] https://monoist.itmedia.co.jp/mn/articles/2109/06/news039.html

開発を開始し[8]、直近では短距離検知用の車載 LiDAR が、グローバルで
展開する自動車メーカーに採用された[9]。

　以上、いずれのケースも自社の強みを生かすための協業の目的が明確
となっており、スタートアップの良さをそのまま生かすクライアントと
なる形式での提携である。目的を明確にして、スタートアップのクライ
アントになることこそが成功の方程式だということが分かり始めた頃に
筆者が出会ったのが、「ベンチャークライアント」である。

[8]　https://www.koito.co.jp/news/docs/20231222084754125192605565584ce
　　　aa94409.pdf
[9]　https://xtech.nikkei.com/atcl/nxt/news/24/00555/

1-3 ベンチャークライアントの起源

　ベンチャークライアント（Venture Client）はその名のとおり、スタートアップの顧客となることを指す。同概念は、自らスタートアップを売却した経験を持ち、シリコンバレーのデザインファーム IDEO（アイディオ）で経験を積んだ本書の共著者である Gregor Gimmy（グレゴール・ギミー）が BMW に在籍した際に発案したコンセプトである。

　Gregor は、BMW の中で有効なイノベーション手法を開発するというミッションでスカウトされた。当時から BMW は BMW i Ventures という、その時点で世界最高規模のコーポレートベンチャーキャピタル（CVC）を運営している。数多くの投資実績もあり業界でも著名な活動を行っている。だが、戦略的利益の獲得については課題となっていた。

　Gregor は適した手法を探索し、日々検討を重ねていた。その中でも、BMW でも重要な技術とされていた自律走行チームと仕事をしたときにハッとさせられたという。前述のように、BMW は自律走行の実現に向けて何十種類ものマシンビジョン製品をテストしたが、Mobileye のものが市場に出回っている他のどの候補製品よりも桁違いに優れていたのである。スタートアップの顧客となり、製品に搭載することこそが最もインパクトのあるスタートアップ協業であると Gregor は直感する。

　既存のサプライヤーではなく、圧倒的に優れた技術を持つスタートアップの顧客になることで、戦略的な利益を獲得する。この成功（成功しかけの体験）を再現性のある形で量産すべく開発されたのが、優れたスタートアップの顧客になるための一連の手法論であるベンチャークラ

イアントモデル（Venture Client Model）である。同手法は「大手企業が直面する最も差し迫った戦略的課題を解決することのできる世界トップクラスのスタートアップ企業のソリューションを発掘、試験購入、導入し、経済的効果（売上の増加、費用の削減）を実現するためにスタートアップの顧客となる一連の手法」[10]と定義される。2015年にベンチャークライアントモデルを推進するための専属組織である世界初のベンチャークライアントユニット（Venture Client Unit）が、BMW Startup Garage（BMWスタートアップガレージ）として誕生した。ベンチャークライアントモデルの普及の始まりであった。

[10] https://www2.deloitte.com/jp/ja/pages/strategy/solutions/vs/venture-client.html

1-4 ベンチャークライアントモデルの急速な浸透

　ベンチャークライアントモデルは、新たなイノベーション手法として、グローバルのオープンイノベーションの業界で急速に浸透しはじめている。「はじめに」でも触れたように、この数年、ドイツを中心に、BMW、Bosch（ボッシュ）、Siemens（シーメンス）などに広がり、ドイツ以外にも、イタリアのエネルギー企業 Enel（エネル）、スペインの通信会社 Telefónica（テレフォニカ）、スイスの保険企業 Zurich（チューリッヒ）、建材企業 Holcim（ホルシム）、フランスの保険企業 AXA（アクサ）、エネルギー企業 TotalEnergies（トタルエナジーズ）など、業界をまたいで多くの企業がベンチャークライアントモデルを採用し、多くのグローバル企業が追随している。

　イノベーションに取り組む企業に対して 2023 年にドイツ 27pilots（27パイロット）が実施した調査「STATE OF VENTURE CLIENT REPORT First Edition: April 2023」[11]では、76.5％の企業が「ベンチャークライアント」という言葉をすでに知っており、うち 29％が、この新しい用語が社内で一般的に使われているとしている。スタートアップ側に対するアンケートでは、24％ は自社製品がターゲットにしている企業でこの言葉が使われていると答え、徐々に普及が始まっているといえるだろう[12]。2023 年 12 月にパリで開催された国際商業会議所が主催する「Corporate Startup Stars Awards」の非公開セッションに参加した、イノベーションに先進的に取り組む企業 100 社を超えるメンバーへのア

[11] STATE OF VENTURE CLIENT REPORT First Edition: April 2023
https://stateofventureclient.com/
[12] https://stateofventureclient.com/

ンケート結果のサマリーによると、95％の企業が連続的イノベーションの領域にベンチャークライアントを採用している（CVCは78％、アクセラレーターは57％）。また、この会の中で、特に優れたコーポレートベンチャリングモデルを習得した企業をたたえる特別賞を受賞した23の取り組みのうち、11企業がベンチャークライアントに関連して受賞をしており（Airbus、Bosch、AXA、L'Oréal、Siemens、Zurich、TotalEnergies、Telefónica など）、イノベーション手法の中でベンチャークライアントが受賞に関連した数として最多となっている。いまや革新的企業にとって、ベンチャークライアントは必須のコーポレートベンチャリング手法となりつつある。

1-5　スタートアップの顧客になることで大きな成果が生まれてきた

　なぜ、スタートアップの顧客になる手法にこれほど注目が集まるのか。スタートアップと大企業のコラボレーションによる圧倒的な成果が、大企業がスタートアップの顧客となることによって生まれてきたことに起因する。

　米 Apple（アップル）は、米 Adobe（アドビ）が開発した PostScript 言語を活用した。PostScript は、テキスト、画像、グラフィックスを含む複雑なページレイアウトをデバイスに依存しない方法でアウトプットできる画期的な技術であった。Apple は、グラフィカルな能力が従来のものを超える Macintosh の開発に注力しており、この技術を活用し、デスクトップパブリッシングにおけるマーケットリーダーとしての地位を確保した。

　Apple はさらに、スタートアップとの連携を進めていく。iPhone の Face ID 機能は、イスラエルのスタートアップである PrimeSense（プライムセンス）が創業期に開発した技術を活用している。PrimeSense は Kinect の核となる 3D センシング技術を提供したことでも知られる。余談であるが、米 Microsoft（マイクロソフト）は Xbox 360 用のモーションコントローラーとして動作する Kinect を当初 60 日で 800 万台販売し大成功を収めた。

　米 Pfizer（ファイザー）は 2018 年、当時スタートアップだったドイツの BioNTech（ビオンテック）とパートナーシップ契約を結んだ。その後、BioNTech と Pfizer は、BioNTech が持つ mRNA ワクチン技術

に基づき、新型コロナウイルス感染症（COVID-19）に対するワクチンとして 2020 年 12 月に認可された「COMIRNATY」（コミナティ）を共同で開発した[13]。2022 年第 3 四半期での、Pfizer から BioNTech へのパートナーシップ料の支払いが 18 億ユーロを超えている[14]ことからも、Pfizer がスタートアップ共創によって非常に多くの利益を得たことが分かるであろう。いち早くスタートアップの顧客となり、優れた技術を製品に統合することは、想像しているより大きな戦略的なインパクトをもたらす可能性を示している。

　ここで 1 つの疑問が生まれる。競争優位を継続的に維持するためには、顧客となるより排他的な契約を結んだり、買収したりした方がよいのではという疑問である。答えは場合による。Yes & No である。企業があるスタートアップを買収した場合、企業の競合が取引から手を引く可能性が高い。この場合売り上げの減少に加え、製品やソリューションを継続的に改善するための顧客フィードバックの機会を失ったり、保守などのサービスレベルが低下したりする恐れもある。取引社数が一定数以上ある場合には、買収後にスタートアップの売り上げや企業価値が減少し、買収元の企業で損失が計上される可能性がある。このような製品や技術を買収で独占的に使用することによるデメリットを認識した上で、メリットを天秤（てんびん）にかけなくてはならない（図 1-4）。競合では長期に渡って同レベルに達し難い製品や技術をスタートアップが保有している場合には、他社に使わせないことによる経済的なメリットが大きく、買収が有効な方策となる場合もあるだろう。この他、取引先企業数が少なく、大部分の売り上げが自社からの売り上げになっているス

[13] BioNTech Signs Collaboration Agreement with Pfizer to Develop mRNA-based Vaccines for Prevention of Influenza | Pfizer
[14] BioNTech Announces Fourth Quarter and Full Year 2022 Financial Results and Corporate Update | BioNTech

図 1-4　排他的契約による主な損失とリターン

排他的な契約（M&A）による主な損失	排他的な契約（M&A）によるリターン
●競合企業に対して計上していた売上減少 ●スタートアップの時価総額下落 ●売上減少によるサービスレベル低下	●排他的使用による競争優位維持 ●継続的市場シェアの獲得

タートアップに対しての買収も有効な方策となる可能性がある。

　例えばシリコンバレーの大手企業には、コア技術とノンコア技術を定めて、コア技術については自社で作り切るか、他社を買収するか決めている企業がある。スタートアップと自社との取引を強力に推進し、売り上げの 70％から 80％を自社との取引にしてしまうのである。このような場合、買収側の大手企業は当該スタートアップの買収において非常に強い交渉力を持ち、かつ、買収されるスタートアップからしても同企業への製品開発に専念することが合理的となる。同手法は非常に高い時価総額を持ち、スタートアップのエコシステムに隣接するシリコンバレーの大企業ならではの手法ともいえる。いずれにせよこの場合、双方にとって買収が合理的であることが重要なのである。

　買収ではなく、排他的な契約の場合も同様である。スタートアップが他社との自由な取引を犠牲にする代わりに大企業は独占的な使用権を得る場合がある。この場合もやはり、排他的な契約締結により将来失われる収益と、排他的な契約を結んで当該企業同士が関係を強めることにより実現できる経済的利益などとを総合的に勘案して、大企業とスタートアップの双方が合理性を判断することになる。

　このように排他的な契約や買収は、大企業にプラスとマイナス双方の経済効果をもたらす可能性がある。既に付き合いがあるスタートアップに対しては、確信度高く影響を見積もることができるため、自信を持って取引を実行できる。一方で今まで付き合いがない企業の場合は、双方の影響について見積もりの不確実性が高いため、取引を実行することは必ずしもお勧めできない。技術をいち早く試し、製品にインテグレーションして市場に出し顧客の反応を確認したり、自社でのオペレーション改善効果を確認したりした後に、実績をもって排他的な取引や M&A（合併・買収）を検討する方がスムーズである。

　これが DX や SX のようなコンセプトや技術、ビジネスモデル自体が新しい領域になると、排他的な契約や買収の影響を見積もることがさらに困難になる。DX や SX の新規領域はそもそも大企業にとって自社のコアな領域ではなく、今まで培ってきた技術ではないため、技術の目利きが困難である。このような場合には、いち早く顧客となり実績を確認することが合理的な選択になる可能性が高い。新規で求められる領域が増えていることにより、まず顧客になることの合理性が高まっている。

1-6 顧客になろう (Client is King)

「Client is King」という言葉を聞いたことがあるだろうか。Gregor は 2023 年発刊の『BUY, DON'T INVEST（投資をするな、顧客になれ）』の第 5 章で同概念について詳しく説明している。

スタートアップエコシステムでは重要な 3 つの役割がある。顧客、スタートアップ、投資家の 3 つである（図 1-5）。

顧客とは、広義には特定の課題を持つユーザーであり、本来的に解決したい課題が顕在化している場合も、潜在的である場合もある。顧客自身が実際に課題に気付いているかどうか、スタートアップのソリューションの必要性を認識しているかどうかは問題ではない。顧客は私人であることもあれば、ビジネス上のニーズを持つ法人であることもある。

第 2 の役割であるスタートアップは、ユーザーの課題を解決する製品を提供する存在である。既存のサービスプロバイダーでは提供できないような革新的なソリューションを提供することがスタートアップに期待されている。

第 3 の役割である投資家は、製品を開発するための資本をスタートアップに提供する。ユーザーのニーズに応える革新的なソリューションを開発するためには、研究開発を含む先行投資が必要となる。スタートアップは、エンジェルと呼ばれるような個人、プロのベンチャーキャピタル、企業が運営する CVC など、様々なプレーヤーから資本を調達できる。初期の資金提供者はエンジェルやシードラウンドに特化したベン

チャーキャピタルであることが多い。

　顧客の役割は非常に重要である。スタートアップの存続を考えるとき、大型の資金調達をすれば存続できるという考えもあるかもしれないが、スタートアップは顧客を獲得し、売り上げを上げることによってのみ長期間にわたって存続できるからである。仮に一時的に資金調達をうまく実施できたとしても、顧客を継続的に獲得できないスタートアップは退場を余儀なくされる。大型の資金調達を実施し、非常に勢いのあるスタートアップが突然倒産することも珍しくはない。

　そもそも投資家がスタートアップにお金を出す理由は、製品・サービスの提供を通じてユーザーの課題をより良く解決でき、将来さらに多くの顧客に対して提供される見込みがあり、スタートアップが継続的に成長することによって資金を回収できる（IPO などによる資本市場からの回収を含む）と考えるからである。投資家にとっても、顧客がキャピタルゲインの源泉なのである。そのため、スタートアップからのソリュー

図 1-5　スタートアップエコシステムを構成する 3 つの役割

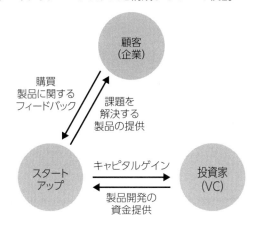

ションを購買する企業は当然、スタートアップからも投資家からも感謝
をされる。購買を行わなかった潜在顧客も、スタートアップの製品の改
善に資するフィードバックをすれば、同様に感謝される存在となる。

　トップクラスのスタートアップが大企業に求めているのは、ビジネス
への助言でも資本でもなく、顧客となることである[15]。スタートアップ
は自社の成長を阻害する可能性のある排他的権利の要求や知的財産への
制限を極端に恐れ、シンプルに顧客になってくれる大企業を歓迎する。
大企業もスタートアップの力を活用することにより、巨額の経済的利益
を創出し得る。顧客となることによって、大企業とスタートアップは
Win-Win の関係を築くことができるのである（図 1-6）。

　本書で紹介するベンチャークライアントモデルは、スタートアップの
顧客になることに特化した方法である。そのため、スタートアップ側が
懸念するような、成長を阻害する可能性のある排他的権利の要求や、株
式投資や M&A（合併・買収）を通じた支配権の獲得を一切行わない方
式である[16][17]。これによりスタートアップは安心して大企業と取引を行
うことができる。次章ではこのベンチャークライアントモデルがどのよ
うなメリットを企業にもたらし、どのように設計されているのか詳しく
見ていこう。

[15] https://hbr.org/2017/07/what-bmws-corporate-vc-offers-that-regular-investors-cant
[16] Gregor Gimmy, The Venture Client model, Maize, 2018
　　 https://www.maize.io/cultural-factory/you-want-your-business-to-grow-faster-
　　 become-a-startup-s-first-client/
　　 'We do not demand exclusivity or rights to their IP or equity.'
[17] 例えばBMW Startup GarageのFAQにも、「Startups retain control over their intellectual
　　 property」との記載があり、保有する知的財産権についてのコントロールを要求しない旨が明
　　 記されている。
　　 https://www.bmwstartupgarage.com/faq/

図1-6　３つのオープンイノベーション方式における資本・支配権の違い

■＝大企業資本　■＝スタートアップ支配権

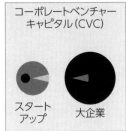

コーポレートベンチャー
キャピタル（CVC）

スタート
アップ　　　大企業

コーポレートプライベート
エクイティとM&A

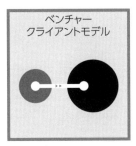

ベンチャー
クライアントモデル

ベンチャークライアントモデルにおけるスタートアップのメリット

- 初期段階で出資や共同開発を伴わないので、支配権や知財に関する懸念なく大企業と連携できる
- 潜在取引先とのコンフリクトが生じない（出資元の競合企業との取引機会を逸する懸念が少ない）
- 成長の源泉になる大型顧客を獲得できる可能性がある。副次的に市場での信用も獲得できる

出所：27pilots の資料を基に筆者作成

第 2 章

ベンチャークライアントモデルの概略と
大企業にとってのメリット

2-1　企業がベンチャークライアントモデルを導入するメリット

　本章では、ベンチャークライアントモデルの概略と、大企業にとってのメリットを中心に説明をしていきたい。筆者が大企業の担当者と話をしていると、多くの会社が「うちの会社もスタートアップの顧客になっている」という。確かに、ほとんどすべての会社は何らかのスタートアップの製品を活用しているという意味でベンチャークライアントである。一方で私が「スタートアップの顧客になることの利益を『体系的かつ戦略的に』得ることができていますか？」と尋ねると、ほとんどの企業の答えは No である。本書の共著者である Gregor Gimmy（グレゴール・ギミー）がドイツ BMW に入社した際に問われたのもまさに同じ問いである。「スタートアップへの投資や PoC（概念実証）を行っているのに戦略的な利益を得るのは難しい」。この問いに答えるために生み出されたのがベンチャークライアントモデルである。

　ベンチャークライアントモデルを活用しスタートアップの顧客となることにより、企業側は以下のようなメリットを獲得する。

実質的な競争優位強化

　最も直接的な効果は、スタートアップが持つ技術の活用による自社製品の強化とプロセスの改善だろう。

　顧客になることにより、戦略的に重要な技術を取り込むことができれば、イノベーティブな製品を世に送り出せる可能性が高まる。早い段階から新興企業と関わることで、スタートアップのソリューションの方向性に影響を与え、自社のニーズに合致したものにすることができる。場

合によっては、まだ市場で実証されていないが顧客にとって魅力的な自社ソリューションやプロダクトを開発できるかもしれない。スタートアップにとっては、顧客からのフィードバックが自社のソリューションやプロダクトの方向性を決める上で最も重要な材料だからである。それ自体が目的ではないが、場合によっては、自社の要望へのカスタマイズが無料で実施されるかもしれない。

　第 1 章で紹介した、米 Apple（アップル）とイスラエル PrimeSense（プライムセンス）による顔認証、米 Microsoft（マイクロソフト）とPrimeSense による Kinect、米 Pfizer（ファイザー）とドイツ BioNTech（ビオンテック）の mRNA ワクチンの事例を思い浮かべてほしい。彼らがスタートアップと早期から対話することで、他社の持たない特徴を持つ製品を早期に市場に投入し、スタートアップとの協業で競争優位を獲得し、売り上げを急伸させたのは明らかである。

　また、顧客になることでロボティクス、AI（人工知能）、自動化、デジタル技術などを活用することによって、既存のプロセスを最適化できる。ドイツ Siemens（シーメンス）では、効率的な産業施設の点検が課題となっていた。Siemens は従来人手によっていた点検作業にドローンを活用すべく、無人ドローン点検ソリューションを提供するイスラエルの Percepto（パーセプト）というスタートアップと連携した。Percepto の点検結果データは、既存の施設管理システムとも容易に統合可能で、Siemens は検証を行った後、まもなく 8 つの地域での商用契約に移行した。

　ベンチャークライアントモデルによる最大の効果は、実質的な競争優位の獲得にある。

戦略的洞察の獲得

スタートアップの顧客になることに積極的であれば、自社の本業および新規事業に資する戦略的な洞察を得られる。優秀なベンチャークライアントモデルでは、年間数百のスタートアップを評価し、年間30件程度の購買を行う。多数のスタートアップを観察し続ける機能を社内に持つことで、どのような領域が注目を集めているのかが分かり、自社ですら気付いていない課題に気付くことができるかもしれない。さらに、実際に顧客になれば、非常に高い解像度でスタートアップの技術レベルを知ることができ、市場の動向も理解できる。

イノベーティブな人材および文化の醸成

人材についても忘れてはならない。スタートアップと関わることで、企業はテクノロジーを利用できるだけでなく、スタートアップの人材と交流するチャンスも得ることができる。彼らは情熱的で、スキルが高く、起業家精神にあふれた人材である。こうした人材と交流することで、企業は自社のエコシステムに新鮮な視点、専門知識、そして何より起業家の熱意を注入し、社内のイノベーションエンジンに燃料を供給できる。

レピュテーションの獲得

ベンチャークライアントモデルはスタートアップとのコンフリクトを避けることを念頭に設計されている仕組みともいえる。詳細は次章以降で紹介するが、ベンチャークライアントモデルを実行する企業は、フェアな取引をする主体、スタートアップに有益なフィードバックを与える成長の支援者として認知される。スタートアップはもちろんスタートアップの成長を願うベンチャーキャピタルなどスタートアップエコシステムのステークホルダーからの信頼や認知を獲得することになる。

これにより、トップクラスのスタートアップからみても魅力的な取引

図 2-1　企業がベンチャークライアントモデルを導入するメリット

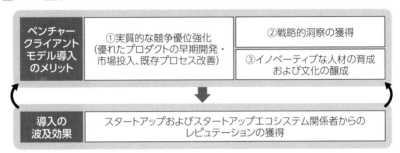

相手と認識され、結果としてさらに多くの取引機会、成果創出機会に恵まれることになる。このレピュテーションの獲得により、ベンチャークライアントモデルから得られる戦略的利益、競争優位の獲得のメリットも強化され、結果が蓄積されるほどレピュテーションが強化されるという循環が生まれる（**図 2-1**）。

　スタートアップの顧客になることは様々なメリットをもたらす可能性がある。このようなメリットをもたらすベンチャークライアントモデルを運用するために企業はどのような準備をすべきなのであろうか。準備のプロセスは、ベンチャークライアント戦略の明確化、プロセスの整備、および組織連動からなる。次節で詳しくみていこう。

2-2 ベンチャークライアント戦略の明確化

　ベンチャークライアントモデルを活用する企業は、スタートアップにしか達成できない技術を活用して、次世代製品の創出による収益向上や、オペレーションの劇的な改善による費用削減を目指す。この際に重要となるのが、ベンチャークライアントモデルに関する戦略の策定である。これにはスタートアップの顧客になることに対するビジョンの共有、どれほどの経済効果を目指すのか（通常外部には開示されない）、どのような領域でスタートアップの力を活用したいか、主にどのような事業部や部門が関与すべきか、などが含まれる。

　これらの事項は、全社的にオーソライズされている中期経営計画などに沿っていることが望ましい。Gregor は「優れたベンチャークライアント企業は、野心的な長期ビジョンや目標を持ち、戦略および課題にスタートアップがなぜ、どのように関係しているのかを明確にしている。ビジョンや目標が野心的でなく、明確でない場合、手段であるはずのスタートアップ連携を進めること自体が目的となり、取り組みがイノベーションシアターになってしまう可能性がある」とする。

　ベンチャークライアントモデルを活用する先進的な企業では、どのように戦略を立案しているのであろうか。通常、中期経営計画や予算は組織内の各事業部にブレークダウンされている。多くの企業は、中期経営計画の中でDX（デジタルトランスフォーメーション）やSX（サステナビリティートランスフォーメーション）などの重点戦略を掲げている。オペレーション改善についてコストの削減目標を各部に割り付け、対象領域を特定している。同モデル推進の先進企業では、特定した領域の課

題および解決した場合の経済利益インパクトの推計がされ、経済的利益目標を達成する有効な手段としてスタートアップの顧客になる活動が位置付けられている。このような全社の中期経営計画および事業部やR&D（研究開発）部門の目標と連動をしたベンチャークライアント戦略を持つことにより、企業としてのコミットメント、実効性が生まれる仕組みを担保することができる。

　ベンチャークライアント戦略の明確化を非常にうまく実施しているのが、ドイツ Bosch（ボッシュ）の事例である（**図 2-2**）。Bosch では、Open Bosch（オープンボッシュ）というベンチャークライアントモデルを運営しているが、Web ページの冒頭では「Open Bosch はイノベーションを実現するためのあなたのベンチャークライアントパートナー」であることが明示されている。具体的な説明として、「Open Bosch は、Bosch Group のベンチャークライアントユニットです。私たちは、先進的なスタートアップ企業のソリューションのテストを行い、スタートアップとパートナーシップを結びます。優れたベンチャークライアントとな

図 2-2　Open Bosch のベンチャークライアント戦略

ビジョン	「イノベーションを実現するためのあなたのベンチャークライアントパートナー」	
目標	中期経営計画で設定した目標金額をベンチャークライアントも活用して達成	
取り組み領域およびスタートアップとの関連性	新製品開発（40%）	オペレーション改善（60%）
	新しい機能や技術、サービスおよびビジネスモデルの刷新	デジタル化、サステナビリティー、マーケティング、エンジニアリングツール、人事、ロジスティクス、製造
	自動運転・スマートシティー高精度 3 次元地図（HD）マッピングバッテリースワッピングなど	現場管理システム物流のデジタル化など

出所：各種公開情報をもとに筆者作成

り、あなたたちを成功に導きます。スタートアップ企業は、Bosch とともに大きなイノベーションを推進することができます。一緒にインパクトを与えましょう[1]」とそのビジョンが示されている。その上で中期経営計画の戦略的利益を、スタートアップの力も活用して達成しようとしている。

　ベンチャークライアントモデルにおいては、全体の 40％のプロジェクトは、新しい機能や技術、サービスおよびビジネスモデルの刷新に関連するプロジェクトとする。残りの 60％は主にデジタル化、サステナビリティー、マーケティング、エンジニアリングツール、人事、ロジスティクス、製造などのプロセスイノベーションが対象とされる。サービスやビジネスモデル革新としては、自動運転やスマートシティー領域で HDマッピングを手掛けるドイツの Atlatec（アトラテック）や、インドでバッテリースワップ技術を手掛ける SUN Mobility（サンモビリティー）と協業している。一方、プロセスイノベーションの事例としては、カナダPoka（ポカ）の現場管理システムの採用や、中国 GREA Technology（上海運匠信息科技）と取り組む物流のデジタル化などが挙げられる[2]。

　このようにベンチャークライアントとなることのビジョンを明示し、中期経営計画などの全社の経済的利益目標との関連および取り組み領域を明らかにすることにより、ベンチャークライアントモデルが全社の戦略の中でも重要な施策として位置付けられ、活動自体が全社の協力を得ながら推進力を得ることになる。

[1]　https://bosch.ventures/open-bosch/
　　"Open Bosch is the Bosch group's Venture Client unit. We enable the testing of leading startups' solutions and set up partnerships with them. Good clients make startups successful. Successful startups can drive major innovation with Bosch. Let's make an impact together."
[2]　https://research.mindthebridge.com/report/2023-open-innovation-evolve-or-be-extinct

2-3 ベンチャークライアントモデルの プロセスの概要

　戦略的な取り組み領域を特定したあとに、どのように企業はベンチャークライアント活動を実行していくべきなのであろうか。ここでは、具体的な取り組み領域の戦略的な課題をどのようにスタートアップの顧客となる活動と結びつけるかについての一連のプロセスを説明する。ベンチャークライアントモデルのプロセスは Discover（課題とソリューションの特定）、Assess（評価）、Purchase（購買）、Pilot（試用）、Adopt（本格採用）の 5 つのフェーズからなる（**図 2-3**）。

Discover

　ディスカバー（課題とソリューションの特定）のフェーズでは、既知

図 2-3　ベンチャークライアントモデルのプロセスと主な活動

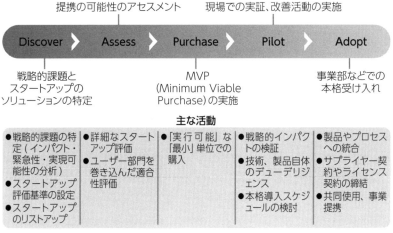

出所：27pilots の資料を基に筆者作成

の課題およびまだ知られていない課題と、それを解決できる可能性のあるスタートアップを特定する。実際に製品やサービスの使用者（ベンチャークライアント）となる社内の事業部にとっての①潜在的な戦略的ビジネスインパクト（収益貢献額、費用削減額）の大きさ、②課題解決の緊急性、③ソリューション関連性を含む実現可能性などに焦点を当て、課題に優先順位をつけることが最も重要となる。これにより、企業が本気で取り組むべき課題を透明化できるからである。効率的なベンチャークライアントのプロセスを運営し、異なるビジネスユニット間での信頼性を高めるためには、課題の透明的かつ構造的評価が極めて重要となる。

　スタートアップとともに取り組むべきプロジェクトの質を高めるためにも、ビジネスに大きな影響を与える課題のみに集中する必要がある。そのため、Discover の段階から課題の大きさを定量的に測定することが重要である。課題を解決した場合の収益貢献額もしくは費用削減額は、ベンチャークライアントモデルの先行企業が一般にそうしているように100万ドル以上に設定することが望まれる。経済インパクトを測定できる課題を設定する前にスタートアップの探索を始めてしまった場合、企業が最終的に本気で取り組むことができるか分からない課題の解決に対して、スタートアップの貴重な時間を使わせてしまうことになる。スタートアップの時間を無駄に使ってしまうベンチャークライアントユニットは、組織内だけでなく、スタートアップエコシステムにおける評判も落としてしまう恐れがある。企業が Discover フェーズに真剣に取り組み、戦略的なインパクトを伴う課題を見いだして生々しくスタートアップに伝えることができれば、スタートアップ側も真剣度を増して課題の解決に取り組むことができる。

　例えば BMW では、長い間知られていた課題の１つに、完成した車両をいかにして組み立てラインから自律走行させるか、というものが

あった。年間 250 万台以上の自動車を製造する場合、1 台あたり数ドルのコストを削減するだけで年間数百万ドルの経済的インパクトが生じる。スタートアップは、このように経済的インパクトが定量化され、企業が真剣に取り組もうとしている課題の解決に取り組むべきなのである。

　次に、事前のリストアップ要件（資金調達額、クライアントからのリファレンス、想定される技術成熟度評価、顧客の有無など）に基づき、有望なスタートアップをリストアップする。有名なベンチャーキャピタルからの出資を受けているか、顧客がいることを開示しているかなど、事前に一定のルールを定めることにより、効率的に優秀なスタートアップのリストアップを進めることができる。

Assess

　アセス（評価）のフェーズでは、リストアップしたスタートアップを詳細に評価する。既存のソリューション提供企業よりも課題を解決するための優れたソリューションを所有しているのはどのスタートアップかを、評価項目に基づいて評価していくことになる。得られる情報の範囲でスタートアップの製品を比較する。評価の過程においては、課題から要求される特定の技術やスペック要件を満たしているか、既存のユースケースや会社の状況へ適合しそうかも含めて確認していく。

　この段階では、ベンチャークライアントである事業部をしっかりと巻き込んでおく必要があり、最終評価の決定もベンチャークライアントによって行う必要がある。事業部特有の事情や事業部しか知り得ない要件などがあるかもしれないからである。場合によっては、すべてのソリューションが採用候補対象から外れるかもしれないが、既存のパートナーやサプライヤーを凌駕する最良の候補が残るよう評価することが重要である。

　なお、BMWのベンチャークライアントユニットであるBMW Startup Garage（BMWスタートアップガレージ）では、毎年世界中から集まる1500以上のスタートアップと対話する。一般的に毎年600から800のスタートアップを評価し、どのスタートアップをプログラムに進めるべきかを決定する[3]。毎年約30社の企業がこのプロセスを通過し、次の購買の段階に進んでいる。

Purchase

　パーチェス（購買）のフェーズは、ベンチャークライアントモデルで最も象徴的なフェーズである。この段階を迎えることで、スタートアップは正式なサプライヤー番号を持つ企業の顧客になるからである。ここでのポイントはMVPである。MVPというと、Minimum Viable Product（実用最小限の製品）を想起される方も多いと思うが、ベンチャークライアントモデルにおけるMVPはMinimum Viable Purchase（実行可能な最小の購入）である。ポイントは、戦略的課題を解決し競争優位性を実現できそうか、実際の環境に適合するかの検証ができ、本格導入できそうか、の意思決定ができる必要最低限の量を購入することである。つまり評価を行うにあたっての「実行可能」な「最小」の量に購買を絞ることが重要になる。量を絞ることによって、安価にプロセスを実施できるようになり、結果として多くの機会が生まれるからである。

　また、企業が直面している競争環境では、とにかくスピードが重要である。そのため、数カ月の交渉で数千ドルを節約しようとして戦略的優位性において数百万ドルのリスクを負うのではなく、即座に購入するこ

---

[3]　Bernhard Schambeck, who heads up BMW's Startup Garage
https://thenextweb.com/news/how-bmw-is-innovating-its-business-to-build-cars-for-the-future

とが推奨される[4]。どの程度の量を購入するかはケースバイケースであるが、かつて日本に新型のビジョンセンサーが上陸した際に運転支援システムの開発に取り組む大手自動車サプライヤーがセンサーの性能を確認するために購入したセンサーはわずか 1 つであった。支出額をかなり抑えての購入であったが、性能評価について十分な心証を得ることができたという。ベンチャークライアントモデルを実施するにあたっては、あえてコスト上限に関するガイドラインを設けることで、リスクが高い購買に対する支出額を限定し、購買プロセスとしての運用の実行可能性を上げることもできる。

　具体的な購買金額に際しては、グローバルで大企業 50 社超にドイツ 27pilots（27 パイロット）が実施したベンチャークライアントモデルに関する調査「STATE OF VENTURE CLIENT REPORT First Edition: April 2023[5]」が参考になる。企業とスタートアップの間での最初の発注額は 31％のスタートアップで 1,001 ドルから 10,000 ドルの間であり、別の 31％は最初の発注額が 10,001 ドルから 50,000 ドルの間であるとのデータがある。多くの企業の発注は 50,000 ドル以下に収まることが多いため、50,000 ドル以下を目安に金額を定めるのも 1 つの方法であろう。

　これに加えて、スタートアップの知的財産を要求しない購買プロセスにすることも重要である。MVP の段階ではスタートアップによる技術開発やコンサルティングの要件を含まないことが重要である。相手の知財を要求しない契約にすることで、後になって知財を巡る訴訟を起こされるリスクを低減できる。Gregor も自らの著書『BUY, DON'T INVEST』で再三に渡りこの点を強調し、「自社の知的財産をスタートアップに譲渡したり、共同で知的財産を作ったり、知的財産を開発させ

[4]　Gregor Gimmy,『BUY, DON'T INVEST』第9章参照
[5]　https://stateofventureclient.com/

たりしてはならない。知的財産に関する係争を避けるためにも、スタートアップの顧客として、製品のみを購入することに集中し、コンサルティングやサービス開発の提供を受けるのは避けたほうが良い[6]」と語っている。

Pilot

　パイロット（試用）のフェーズでは、購入したスタートアップのソリューションが実際に戦略的なインパクトをもたらすことができるかを具体的に検証する。ベンチャークライアントである事業部や R&D 部門などの実際のユーザーおよび条件下で製品が使用される。実行可能性が高いユースケースが、事前に定義され計画されているかが重要になる。具体的には、どのような条件下で、どのように製品や技術、ソリューションが機能すれば、どの程度の課題が解決できそうかを明確化して、パフォーマンスの KPI として定めることが重要である。当初の戦略的なインパクトの想定に対して現実的なインパクトの期待値の検証を行うことになる。新製品に組み込む予定のセンサーであれば、実環境下での適合性、精度をはじめとする技術性、個体によるブレ、組み込みに際しての既存モジュールとの親和性、UI（ユーザーインターフェース）や UX（ユーザー体験）などを検証する。この段階を経て、ベンチャークライアントはスタートアップの製品やソリューション導入による経済的利益について、確信度の高い心証を得ることができる。

　これに加えて、優秀なベンチャークライアントはパイロットを通じて、最先端の技術について学び、顧客に刺さりそうなソリューションになっているかも学ぶ。通常、投資判断のために、スタートアップが外部者による製品の検証を認めることは多くはなく、技術やソリューションに対

[6]　Gregor Gimmy, 『BUY, DON'T INVEST』第9章参照

する生々しい知見を蓄積することも困難である。企業は当該フェーズの実施によって、通常の市場レポートや DD レポートでは得ることができない、深度のある情報を実感値として得ることもできる。

　Pilot フェーズの最終段階では、検証された内容、ビジネスケースのインパクトに基づき、本格導入のスケジュールを決定する。

Adopt

　スタートアップの製品や技術の導入効果をパイロットのフェーズで実証した後、アダプト（本格採用）のフェーズでは製品やオペレーションプロセスへの統合を行う。

　本格採用にあたっては、スタートアップと資本関係を築くかの選択も重要となる。資本関係を結ばない関係をパートナーシップと呼ぶ。この場合、企業はスタートアップの経営権を握ることなく長期的な関係を結ぶことを選択する。具体的には、長期的なサプライヤー関係、技術ライセンス、共同使用やさらなる共同開発のための提携などが選択肢となる。スタートアップの製品や技術を競合が活用しても大きな影響がない場合に、排他的な条項を含まない提携は適切な戦略となる。自動車業界ではよくあるケースだが、センサーなどの製品が広く普及して、価格が許容できるレベルまで下がることによって自社がメリットを得る場合もある。いずれにせよ、早く顧客になることで、新機能を自社製品に搭載し、競合に先立って市場に投入できることになる。この場合、市場シェアを獲得し、納期と価格の優位性を確保できる可能性が高まる。

　場合によっては、排他的契約や合わせて資本関係を結ぶオーナーシップと呼ばれる関係構築を行う方がメリットが大きい場合がある。継続的な優位性確保が重要となる局面で相手のテクノロジーを排他的に利用し

たい場合で、スタートアップが自社の競合にあたる顧客の売り上げに
よって成長しなくても問題ない場合である。この場合は、一定比率以上
の出資、あるいはM&A（合併・買収）を行うことも選択肢となる。

2-4 ベンチャークライアントモデルの特徴

　ベンチャークライアントモデルは以上 5 つのフェーズを経て、企業が自社の戦略的な課題に直結するスタートアップの顧客となり経済的な効果を達成する方法である。「早く」「大量に」「確実に」戦略的な利益を生む点が最大の特徴である。

・確実性

　企業が中期経営計画で示した収益目標や費用削減目標との関係でスタートアップとの取り組みを位置付けることは珍しく、企業が掲げるスタートアップ協業の指標としては、PoC 件数やスタートアップ面談数などの活動のプロセス目標であることが一般的である。一方で、ベンチャークライアントモデルは確実性をもって戦略的利益を創出できるように細部にわたってデザインされている。運用プロセスの最初の Discover フェーズにおける課題設定の段階から戦略的利益を計算し、利益金額にコミットすることを求める。課題を特定し、スタートアップを探索し、実際に導入する一連のプロセスで常に経済的な利益を念頭に置く。

　スタートアップとの協業において、スタートアップと対話を重ねるうちに、いつの間にか当初の協業目的がすり替わってしまうケースがある。ベンチャークライアントモデルでは、これを避けるために各段階での確認を徹底する。例えば、第 2 段階の Assess（評価）で技術系スタートアップの評価を行う際には、技術の詳細なスペック評価を行うより前に、設定した課題を解決し得るのかの適合性を評価指標に織り込む。第 4 段階の Pilot（試用）のフェーズでも、実際の現場環境に応じてどの程度の範囲で課題を解決できるのかを徹底して検証する。戦略的な利益を前提

とした課題からの徹底した「逆引き」のプロセスを構築することで確実性を高めているのである。

・迅速性

　確実性に続くベンチャークライアントモデルの特徴として迅速性があげられる。ベンチャークライアントモデルの運用プロセスを構成する5つのフェーズにおいても、常にスピードが意識される。業種や業態によって標準的な期間は若干異なるが、サンプル製品やソフトウェアモジュールなどの購入とトライアルまでをとにかく素早く、可能であれば4〜6カ月の期間で行うことが理想とされている。通常のイノベーション手法では、スタートアップとの協業で何らかのアウトプットを出すのに、1年以上、長いと2年から3年かかっている。ベンチャークライアントモデルでは、迅速性を実現するために、とにかくスタートアップと大企業の間で交渉やコンフリクトが発生するような事象を極力排除している。前述した知的財産や支配権に関して要求しないことも、迅速性を高めるための具体的な工夫として挙げられる。

・大量性

　さらなる特徴として大量性があげられる。大量性を実現できる理由にもなるポイントのひとつが、他の手法と比べて安価であることである。外部流出金額で考えても、MVPのコストは1件あたり100万〜500万円程度となることが多い。1年間で10件の購買を行ったとしても3000万円程度である。この外部に対する支払いは他の多くの手法より圧倒的に安い。また、多くの企業が初期の立ち上げを専任メンバー2〜3人程度で行っている。人件費までを含めたコストでも他の手法と比べて優位性があることがお分かりいただけるであろう。

　加えて、前述のようにプロセスが標準化され、整備されていることも

大量性に寄与する。イノベーションの推進においては、かねて属人性の問題が指摘されている。会社として取り組むべき事業テーマか、実際の現場や顧客の課題を適切に解決できるか、市場規模や経済効果が十分で採算が取れるか、適切なスタートアップが見つかるか、社内を説得できるかなど多くのハードルを、極端に言えば1人の人間が乗り越えなくてはならないのが、従来のスタートアップとのオープンイノベーションであった。これに対してベンチャークライアントモデルでは、あらかじめ協業のためにデザインされた5つの段階を経ることで、これらの問題を解決できる。そのため、大量に、再現性をもって成果を創出することが可能になるのである。

　これらの理由により、ベンチャークライアントとして優れた企業は、実効性をもって、迅速かつ大量にスタートアップの製品を採用できる。ベンチャークライアントモデルの導入を始めた初年度で5〜10社、成熟したベンチャークライアントモデルでは年間30社程度が一つの目安となっており、BMWは年間30社のスタートアップの顧客になる活動を継続している。Siemensはスタートアップの顧客になるベンチャークライアントモデルを導入した後、1年半で103件の課題を特定し、18件のパイロット、11件の本格導入を実施し、1800万ユーロの経済効果を創出した[7]。

　ベンチャークライアントモデルの導入に際しては一定の規模で試験導入を行うべきである。ベンチャークライアントモデルの確実性が高いとはいえ、スタートアップとの共創にはやはり既存事業と比べると不確実性が伴う。初期段階では思いもよらぬ形で共創が中止になることも想定

---

[7]　Eva Teresa, Siemens Energy Ventures
https://innov8rs.co/news/venture-clienting-a-vehicle-for-win-win-corporate-startup-partnerships/

されるため、取り組む件数が少なすぎると成功に至る案件が含まれていない可能性も高まる。そのため、ベンチャークライアントモデルの導入を考える企業には、初期段階から 20 以上の戦略的な課題を抽出し、選別した 5 件以上の課題に対してスタートアップを探索することをお勧めする。トップクラスのベンチャーキャピタルが千三つと呼ばれる世界でコンスタントに勝ち続けるためにポートフォリオを組んでいることからも分かるように、大量に試行することは、イノベーション活動を成功させる上で非常に重要なのである。

コラム｜戦略的利益へのコミットメントの恩恵

　戦略的利益へのコミットメントにより、イノベーション活動の従事者も大きな２つの恩恵を受ける。

　１つめは活動の存続である。実際に従事する担当者にとっては明確に利益への影響額をコミットすることにプレッシャーを感じることがあるかもしれないが、利益影響額は定めた方がよい。確かに活動の初期段階（当初２～３年）については、どのぐらいの利益影響額があるか見当もつかない場合があり得るので、活動の努力がより直接的に反映されるプロセス指標のみを目標として定めるのもよいかもしれない。ただ、企業にとって意義のあるイノベーション活動を持続的に行うためには、中長期での損益（PL）への貢献が必須となる。

　筆者が活動を支援してきた企業のイノベーション活動の多くは、活動の指標として損益へのインパクトには踏み込んでいなかった。例えば「スタートアップと接点を持って情報収集すればよいと言われています」「PoC の件数を目的にしていて、利益影響額についてはコミットメントを求められていません」「役員からイノベーティブな文化を醸成してほしいと言われています。イノベーション活動では人材育成に重きを置いています」といった形である。実感値でいくと９割ほどの企業は利益貢献額の目標を明確に定めていないのが実情だ。

　利益貢献額を明確に定めていない場合、中長期にわたりイノベーション活動を持続させるのは難しくなる。イノベーション活動を始めた当事者である社長や役員がローテーションで交代したり、全社業績が悪化し

てコスト圧縮の必要性が課題になったりすると、本社からは「明確な効果が見えづらいイノベーション活動のコストを圧縮せよ」という声が出始め、活動縮小や撤退を余儀なくされる。イノベーション活動の責任者は「話が違う」と嘆くが、あとの祭りである。それほどにイノベーション活動に対する社内の風向きは変わりやすい。

　このような状況でも有効に機能するのが、戦略的利益を追求するベンチャークライアントモデルである。意義のあるイノベーション活動を継続的に行うには、結局のところ ROI（投資収益率）がものをいう。成果が出ている活動が打ち切られることはほとんどない。スタートアップとの連携による新製品開発やオペレーション削減の経済的効果を明示し続けレポートすることがイノベーション活動を存続させる上で重要となる。

　戦略的利益へのコミットメントによる 2 つめの恩恵は、実効性の向上である。戦略的利益にコミットし、可視化することにより、イノベーション活動への事業部の協力を得やすくなる。

　オープンイノベーション推進におけるよく挙げられる課題に、「事業部の協力が得られない」というものがある。現業が忙しく、現業を伸ばす方が投入する労力に対する効果が高いと想定されていることなどが主な要因として挙げられる。

　ベンチャークライアントモデルにおいては、戦略的な利益の金額が算出され可視化されている。効果が出る可能性が高く、金額的なインパクトの大きい課題の解決が優先される。経済効果が高いことによって、事業部がイノベーション活動に取り組むインセンティブを持つことになる。何より想定される利益の金額は経営陣にもレポートされている。想

定されている戦略的利益が提示される場合、取り組まないこと自体が合理的でない行動になるのである。

2-5 社内組織との連動

　有効なベンチャークライアントモデルを運用するためには、具体的にどのような部署を巻き込む必要があるのか。プロセスごとにまとめてみよう（図2-4）。

ベンチャークライアントモデル戦略の策定

　ベンチャークライアントモデルを実行する上での戦略の策定においては、全社的に達成したい野心的な目標との連動、ハイレベルな中期経営計画との整合などが求められる。これには経営層、特にCXOレベルの関与に加えて企画部門の関与が必要となる。

　その上で、ベンチャークライアントモデルによって、どのような領域でいくらぐらいの経済効果創出を目指していくのか、そのためにはそれ

図2-4　ベンチャークライアントモデルの実施プロセスと主な関連部署

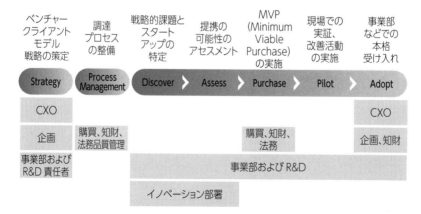

それの領域でどのようなスタートアップが対象になるのか、ハイレベルで特定する必要がある。これには事業部や R&D 部門の責任者クラスの関与が求められる。

プロセスの整備

　ベンチャークライアントモデルにおいては、取引実績および与信が十分でないスタートアップからの購買を実行する必要がある。また、スタートアップの不安を取り除き取引のスピードを上げるため、Purchase（購買）の段階で、共同開発権や知的財産権を要求しないシンプルなプロセスを整備することが肝要となる。いわゆる MVP（実行可能な最小の購入）を実施する際の発注書（P ／ O）の発行プロセスの整備である。これには、法務、調達部門、知財、品質管理部門が関与し、円滑で効率的なオペレーションを確保する必要がある。また、Adopt における手法のオプションにおいては企画、法務、知財も交え、事前に検討することが必要となる。

ベンチャークライアントモデルプロセスの実行

　ベンチャークライアントモデルのプロセス実行においては、Discover のフェーズにて経済的インパクトの大きい戦略的課題を特定することが最も重要となる。そのため、事業部からの課題設定を受け身で待つのではなく、積極的に事業部や R&D 部門に対してグローバルのスタートアップの最新動向について情報を提供し、技術および課題感の目線を常に引き上げるべきである。この点、事業部および R&D 部門のみならず、イノベーション部署や場合によっては最先端のスタートアップ情報に触れる機会の多い CVC 部署などの積極的な関与が望まれる。

　また、Assess、Purchase のフェーズにおいては、実際に課題に直面しているプロダクトのユーザー（クライアント）となる事業部や R&D 部門のメンバーが、社内の課題がスタートアップの技術やソリューショ

ンによって解決できるかどうかを初期的に見極めた上で、購入を決定すべきである。これにより、ソリューションが解決される課題とフィットしていることが担保され、「プルのダイナミズム」が生まれるからである。Pilot のフェーズでは、事業部や R&D 部門が実際の環境下での検証を主導し、Adopt では企業として取り得る資本関係および共同開発のオプションを検討した上で契約を締結する必要がある。このフェーズでは、事業部が主導しながらも再度、企画部門、知財部門を交えて検討を行うことになる。資本関係の中でも M&A などの意思決定においては、CXO クラスの深い関与も必要になってくる。

　以上のように非常に多くの関係者が関与するプロセスであるからこそ、プロセスにおいて常に戦略的な課題を共有し、プロセスを通じてベンチャークライアントモデルがうまく推進されるように関係各所の橋渡しをする必要がある。主にこの役割を担うのが、ベンチャークライアントユニットなのである。

2-6 | ベンチャークライアントユニットの役割

　前節で紹介したように、ベンチャークライアントモデルには非常に多くの社内ステークホルダーが関わっている。一方で、それぞれの社内ステークホルダーは既存の業務を抱えており、スタートアップとの協業は新しい取り組みであることが多い。各ステークホルダーが活動を理解し推進するためのサポートを行わないと、推進は困難になってしまう。そのため、社内にベンチャークライアントモデル推進のための専任組織、ベンチャークライアントユニットを作ることが重要になる。ベンチャークライアントユニットは大きく 3 つの役割を担う（**図 2-5**）。

　第 1 の役割である戦略策定・プロセス・組織構築では、社内の経営層、企画、法務、知財、購買などの部門と連携をしながら適切なベンチャークライアントモデルのプロセスを整備していくこととなる。特に、ベンチャークライアントモデルの肝となる MVP を適切に行うため、調達プロセスについては時間をかけて購買部の理解を得ながら、全社としてのルールにも準拠した MVP プロセスを整備する必要がある。また、戦略策定においては経営層および企画部門と連携をしながら、全社戦略に連動したベンチャークライアントモデル戦略の取りまとめを行うことになる。ベンチャークライアントモデル導入に際しての全社理解を醸成するための研修などを実施していくことも重要な役割となる。

　第 2 の役割であるベンチャークライアントのサポートは、社内のベンチャークライアントである事業部や R&D 部門などに対して、課題を発見してから MVP を経てスタートアップの本格採用に至るまでの一連のプロセスを支援する。特に事業部や R&D 部門はリソースが逼迫してい

図 2-5 ベンチャークライアントユニットの役割イメージ

戦略策定 プロセス・組織構築	社内のステークホルダーとコミュニケーションを取りながら、ベンチャークライアントモデルに関する啓蒙、戦略策定、プロセス・組織の整備を行う機能
ベンチャークライアント のサポート	社内のベンチャークライアントである事業部、R&D部門がベンチャークライアントモデルのプロセスを実行するあらゆる側面を支援する機能
スタートアップ のサポート	自社のベンチャークライアントモデルをスタートアップが適切に活用できるようにサポートを行う機能

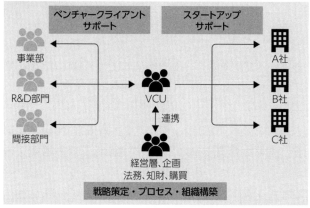

VCU：ベンチャークライアントユニット

ることが多い。また、スタートアップを過去扱ってきた経験が多くないことが通常である。そのため、一連のプロセスの中でも特に慣れていないと考えられる Discover 段階での戦略的な課題の発見、スタートアップの探索や Assess 段階でのスタートアップの評価をサポートすることが重要となる。課題の発見に際しては、スタートアップの情報を集約して現在および未来の課題を想起するような手助けをしたり、発見した課題を全社として一元管理したりする。そのうえで課題に優先順位を付けつつ、データベースなどを使用してスタートアップを探索する。探索活動の一部として、自社がベンチャークライアントモデルを採用している

ことを発信しながら、自社に興味を持ってくれるスタートアップを増やしていく活動を実施する場合もある。

　第 3 の役割であるスタートアップのサポートは、スタートアップの側について適切な理解の醸成や、ベンチャークライアントなどとのコミュニケーションのサポートを行う。本書冒頭でも紹介してきたように、スタートアップからみると大企業と同領域で競争することになる可能性もあるため、潜在的にはコンフリクトが発生し得る。そのため、自社がベンチャークライアントモデルを採用していることを説明するとともに、スタートアップを重要なパートナーとして考えており、Win-Win となるための適切なプロセスを構築していることを丁寧に伝えていく必要がある。また、ベンチャークライアントモデルのプロセスを推進する際に都度適切なステークホルダーを紹介し、お互いにコミュニケーションロスが発生しそうであれば、適切に調整を行っていくことも重要な役割となる。

　繰り返しになるが、ベンチャークライアントモデルは誰にとっても比較的新しい概念であり、関わるステークホルダーも多い。そのため、専任の組織が深い理解と専門知識をもって推進をサポートすることが望まれる。

2-7 他のイノベーション手法との比較

　筆者がベンチャークライアントモデルについて企業に説明をする際、他のオープンイノベーション手法との違いを尋ねられることが多い。そこで、主要なオープンイノベーション手法とどのような違いがあるのかを明らかにしておこう（図2-6）。

図 2-6　主なオープンイノベーション手法の比較

目的に合ったオープンイノベーション手法の活用が重要に

企業が主体となり実施する一般的なオープンイノベーション手法	手法概要および標準的取り扱い社数	有効な活用方法
ベンチャークライアントモデル	●事業戦略と連動した戦略的課題を解決できるスタートアップの顧客になる手法（本格採用を前提） ●年間20〜30社程度からの購買、50%本格採用	●リスクを低減した上でのスタートアップ本格大量採用 ●技術の採用、新製品へのインテグレーション ●新製品開発およびオペレーション改善を通じたPLインパクトの創出
テックスカウティング	●必要な技術を持つスタートアップを探索し、提携を模索する手法 ●1プログラムごとに1社、年間5社程度	●特定の技術探索
アクセラレーションプログラム	●一定期間のプログラムを実施し、スタートアップとの協業を模索する手法（一般的に公募型） ●1プログラム5社程度	●新規事業アイデアの創出 ●課題に対するスタートアップからの提案
CVC	●スタートアップ企業に出資を行う手法 ●年間5〜10社程度の出資	●スタートアップからの市場動向やビジネス環境の戦略的な洞察獲得 ●協業、M&Aの呼び水としての活用
M&A	●スタートアップ企業の株式を支配権を持つ比率まで取得する手法 ●数年に1度程度（企業によりバラツキあり）	●スタートアップの排他的な活用による継続的競争優位の獲得 ●新規事業の即時取り込み

テックスカウティングとの対比

　テックスカウティングは、事業部や R&D 部門が自らの課題に基づき特定の技術スタートアップをスカウティングする活動である。テックスカウティングでは、事業部や R&D 部門が主体となる分、対象範囲が限定的な場合が多い。一方で、ベンチャークライアントモデルは全事業部や R&D 部門を巻き込んだ全社的な取り組みである。

　またテックスカウティングでは取り組みの初期段階で、共同開発における知財獲得や排他的権利について検討することが多い。そのためスタートアップとの事前の交渉が長期化したり、そもそも進まなくなってしまったりするケースが頻繁にある。一方、ベンチャークライアントモデルでは初期段階では知財や出資に関する交渉は行わず、MVP（実行可能な最小の購入）を素早く行い、その後の Adopt のフェーズでどのように協業できるかの細部を詰めるアプローチとなっている。このためスタートアップも安心して交渉を実施でき、迅速性を確保できる。

　テックスカウティングは通常、対象部署が自ら行うため、直面している課題を詳細にスタートアップに伝えることができ、強い推進力を持つというメリットがある。一方ベンチャークライアントモデルでは、初期段階では外部とのインターフェースであるベンチャークライアントユニットがスタートアップとの接触を担うため、テックスカウティングに近い実効性をもってベンチャークライアントモデルを運用するためには工夫が必要である。具体的には、事業部や R&D 部門が抱える課題を深いレベルで共有することと、情報をどこまで外部に出せるかなどを事前に取り決めておくことが必要となる。

アクセラレーションプログラムとの対比

　アクセラレーションプログラムは、企業がテーマを設定、公開してス

タートアップを広く募集し、協業を推進する手法である。協業のきっかけをつくることが主目的とされている場合が多く、4〜6カ月など一定の期間でのプログラムが一般的である。

同プログラムを運営する企業側は、協業を推進するためのアドバイス役としてのメンターを各スタートアップにアサインし、親和性の高い適切な部署につなぎこみを行い、協業案について検討するのが一般的である。運営主体企業からの出資を伴う場合もあるが、近年はアクセラレーターが乱立して競争が激化している。そもそもの目的の主眼が協業であるので、運営主体企業からの出資は要件とならないケースが一般的である。

企業が運営するアクセラレーションプログラムにおける最大の悩みは、経済効果がある協業が生まれてくるケースがほとんどない点である。企業の戦略的な課題を公にしたくないこともあり、テーマが抽象的な粒度でしか設定されないことも多い。そのため、応募してくるスタートアップが、企業が本当に解決したい課題を理解していることは稀（まれ）であり、企業の課題解決に全く適さないスタートアップが応募してくるケースもある。そのため、労力多くして成果伴わずという結果になってしまう場合が多い。この点、ベンチャークライアントモデルは戦略的利益からの逆引きで、解決に資するスタートアップを自ら探索する方法のため、成功率が高い。

アクセラレーションプログラムにもメリットはある。ベンチャークライアントモデルと比べてテーマの設定が幅広いため、思いもしないアイデアが飛び出す場合もある。両者の良さを生かして、オープンイノベーション活動全体をどのように設計するかがポイントといえよう。

2-8 ┃ CVCとベンチャークライアントを対比する

　日本でも多くの企業が取り組むイノベーション活動が、企業がスタートアップに投資するコーポレートベンチャーキャピタル（CVC）である。この活動について、ベンチャークライアントモデルと対比することで、さらに掘り下げて理解を深めていきたい。

　CVC とは、企業が未上場のスタートアップに出資することを目的として設立する投資組織体である。1940 年代から発展してきたベンチャーキャピタルが、スタートアップ企業に対して深い理解とアクセスを持つことに着目し、事業会社がこれを自ら行うことで成長に活用できるのではと考えたことが始まりといわれる。米 3M や米 Xerox（ゼロックス）[8]などの企業が独自のベンチャーキャピタルファンドを設立した 1970 年代後半以降、企業が競争優位性を獲得する目的でスタートアップに株式投資を行うものとして定着した。さらに 1990 年代後半から 2000 年代初頭のテクノロジーブームによって、多くの企業がスタートアップへの投資を目的とした独自の CVC を設立した。日本では 2010 年以降、特に 2015 年以降は年間 20 件程度以上の CVC が発足し、今もコンスタントにCVC の新規設立が行われている。

....

[8]　Xeroxは1960年代から積極的なCVCを展開しており、社内管理のファンドからシリコンバレーの伝説的な人物たち、例えばレイモンド・カーツワイルやスティーブ・ジョブズなどに投資していた。1970年にXeroxが設立したPalo Alto Research Center（パロアルト研究所：PARC）では、伝統的なCVCファンドとは異なるものの、グラフィカルユーザーインターフェース（GUI）やイーサネット技術など、画期的な開発につながる革新的な研究への重要な企業投資が行われていた。その後、Xeroxは数々の技術の商用化の機会を逃したことへの反省から1988年に3000万ドルのXerox Technology Ventures（XTV）を立ち上げ、1988年から1996年の間に、XTVはXeroxの既存の技術から生まれた十数社に投資を実施し外部投資家を巻き込み数多くの技術の商用化を成功させる。IRR56％という驚異的な実績を上げるが、報酬制度や組織内のコンフリクトが発生しほどなく閉鎖となった。

　CVC は多様な産業において、企業のイノベーション戦略の重要な要素となっているといえる。企業はスタートアップに投資を行う際の出資意思決定の過程で、通常は入手できない情報、例えば財務情報、詳細な市場の見立て、事業戦略に関する情報を入手できるので、未来への洞察を得ることができる。また、取締役会の議決権ないし立会権の有無にもよるが、スタートアップの成長を継続的に観察し、M&A につなげる手法としても非常に有効に機能している。

　一方で、協業における実質的な経済的効果においては期待されたほどの成果を創出しているとは言い難い。実際に 27pilots の分析によると、CVC からの出資のうち、具体的な戦略的利益を生む協業に結びついているのはわずか 10%であるという[9]。

　スタートアップが企業 A から出資を受けている場合、企業 A の競合 B が A による将来的な M&A を警戒して顧客になることを避ける場合がある。また、企業 A が出資契約のサイドレターや株主間契約で競合を排除したり、協業に際して事前通知をスタートアップ側に求める条項を付したりする場合もある（このような制約はスタートアップにとっては将来の収益機会を失うこととなり、企業価値を上げるという観点からもマイナスに作用する。スタートアップにとってはもちろん、他の投資家からも決して歓迎される行為ではない）。

　さらに、企業がスタートアップに出資した後に、スタートアップのソリューションが実は企業にフィットしていないことが判明することもある。この場合、出資の関係を知っている競合のスタートアップが、出資元の企業に対して製品の提供を拒むこともある。このように企業にとっ

---

[9]　Gregor Gimmy, 『BUY, DON'T INVEST』第5章参照

て戦略的な利益を生むという観点からは、CVC はベストとはいえない。むしろ、出資をせずスタートアップの顧客となる方が有効な場合が多いのである。

2-9 | 他の手法と組み合わせた ベンチャークライアントモデルの活用方法

　これまでベンチャークライアントモデルの有効性について、スタートアップの顧客になって戦略的利益を創出するという観点から説明してきた。ただし、ベンチャークライアントモデルを含むオープンイノベーション活動の目的は、利益の創出にとどまらない。企業経営や新規事業開発に対する戦略的な示唆や洞察、新規アイデアの創出、会社の次の柱になる事業のコア技術およびビジネス自体の獲得、イノベーティブな文化の醸成など多岐にわたる。

　これまで紹介してきたオープンイノベーション手法はそれぞれ特徴があり、どのような目的に使うと有効に機能しやすいかが手法ごとに異なる。加えて会社によっても活用方法が異なる。例えば、CVC の使い方は多種多様であり、各社でその使い方は異なる。筆者が 2019 年に実施したグローバルの CVC を対象にしたベストプラクティスの調査[10]では、同じ手法でさえも細分化していくと**図 2-7** のように様々な使われ方をしていた。

　企業はそれぞれの目的にフィットするよう各手法を組み合わせてイノベーション活動を運営しており、絶対唯一の教科書的な組み合わせはない。企業が掲げるイノベーション活動の目的としては、例えば社内文化

---

[10] 「グローバルでの CVC 活動成功の手引き〜シリコンバレーを中心とした先進事例から考える〜」 NEDO, デロイト トーマツ ベンチャーサポート」
https://www.nedosvo.org/_files/ugd/5c2af7_7b5d281575b64ed4a82b238f47431c 0f.pdf

図 2-7　CVC 活動から得られる戦略リターンの例

CVCから得られる 戦略リターンの分類			概要	各社のCVCの主な運営目的 （例示）	
CVCでの主な戦略目的	情報収集目的	トレンド・業界動向把握	●CVCをアンテナとし、情報収集能力を強化 ●技術トレンドや業界動向をいち早くキャッチ	ソニー	トレンド・業界動向把握 技術スカウティング
		M&Aパイプライン	●将来のM&Aを見据え、少額出資を軸にシナジーを見極め	HP	トレンド・業界動向把握 技術スカウティング
	新規事業創出目的	技術スカウティング	●R&Dの延長として、より広い視野で技術探索を行う	IBM	M&Aパイプライン
		新市場アクセス	●投資先との協力を通じて新たな市場へ参入	Intel	技術スカウティング M&Aパイプライン
		エコシステム拡大	●自社と関連の深い企業への投資や買収を通じて、収益構造を拡大＋自社製品・サービスの価値を向上	Ford	技術スカウティング （次世代技術の獲得）
				Microsoft	エコシステム拡大 （プラットフォームの拡張）

出所：NEDO・DTVS「グローバル CVC 成功の手引き」を基に筆者作成

の醸成、戦略的情報収集、アイデア創出、技術獲得、オペレーション改善、新規製品開発、エコシステム創造といったものがあり、手法ごとに目的への活用のしやすさが異なる。

　イノベーション活動手法をどう組み合わせるかを考えるにあたっては、活動の目的に加え、戦略的利益をいつごろまでに獲得するか、という時間軸を考慮すると比較的整理がしやすくなる。以下、ベンチャークライアントモデルで達成すべき目的を明確にして有効に活用している事例を紹介する（図 2-8）。

　Siemens は時間軸でいうと 1 年から 3 年の短期的な利益の創出に貢献

図 2-8　ドイツ Siemens のイノベーション施策

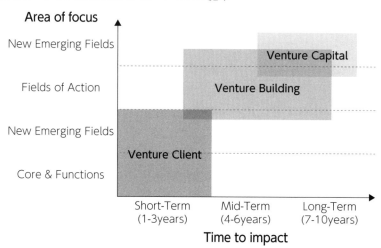

出所：Siemens Energy の資料（https://www.siemens-energy.com/global/en/home/company/innovation/siemens-energy-ventures.html ）を基に筆者作成

する本業およびコア技術に近い領域でベンチャークライアントモデルを活用している。一方で、4 年から 6 年といった中期の新規ビジネス開拓においては、自社から事業を創造するベンチャービルダーの仕組みを使い、より長期なイノベーションについては CVC で BS（バランスシート）を使いながら有望な技術やビジネスモデルを観察するという手法を組み合わせている[11]。

　CVC とベンチャークライアントモデルの連携を確保することにより、それぞれが達成すべき目標の効果を強めている事例もある。Bosch は CVC から得られるディールソースを継続的にベンチャークライアントモデルである Open Bosch の取り組みと共有し、Open Bosch 側で得た情

[11]　https://www.siemens-energy.com/global/en/home/company/innovation/siemens-energy-ventures.html

報も必要があれば CVC に共有する仕組みとしている。実際に Open Bosch の Web ページには「ベンチャークライアントモデルで評価したスタートアップを CVC に紹介する場合もある」との記載があり、連携の強さを確認できる[12]。

ベンチャークライアントモデルでの評価が終わっているスタートアップを CVC での投資対象とすることは、プロダクトが有効であることを顧客として検証し終わっている案件への投資機会を検討することになるので、CVC 投資の成功確率を上げることに寄与する。

加えて、CVC の情報をベンチャークライアントモデルに活用する有効性についても考えてみる。CVC は、企業が関心のあるスタートアップの情報を収集する上で非常に有効であり、特に長期的な観点から自社に関連する技術やビジネスモデルを検討する際に有効である。CVC 活動で行う情報収集の過程で、今まで企業が意識をしていなかった技術の進展が判明し、使い方が提案されることもある。このような CVC からの情報をベンチャークライアントモデルの Discover フェーズで活用することで、戦略的インパクトの大きい課題を認識できる可能性も高まる。

以上のように、ベンチャークライアントモデルは必ずしも他のスタートアップ協業手法と独立して実施しなくてはならないものではなく、むしろ全社のオープンイノベーション活動の目的を果たす中で位置付けられ、場合によっては他の手法と連携しながら営まれるものなのである。

---

[12] https://www.openbosch.com/
'Startups we evaluate for a partnership may also be introduced to Robert Bosch Venture Capital for an investment.'

コラム　インナーサークルのガラスの壁を打ち破る方法

　シリコンバレーには、勝ちが見えている最良のディールをやり取りするインナーサークルがあるといわれる。一流のベンチャーキャピタルや、大型の資金調達やM&Aを繰り返す大企業の経営者だけがアクセスできる、いわばクラブディールの世界である（この中でも一流のベンチャーキャピタルが圧倒的な存在感を持っている）。 生き馬の目を抜く出資の世界に、残念ながら通常の企業が入ることはできない。一方で、出資ではなくスタートアップの顧客となる場合は、話は別である。スタートアップとフェアな条件で良い顧客になる能力がある企業は、出資において一流のベンチャーキャピタルのみがアクセスできるようなスタートアップの顧客となることができる。

　本書の冒頭での経験談である米Fitbit（フィットビット）と日本の大手生命保険会社との提携の話もまさに顧客となることがポイントであった。その後も筆者は、一流のベンチャーキャピタルから出資を受けているスタートアップと日本企業との協業を数多くサポートしているが、顧客になるということを前提に協業の目的を明示してLinkedInを通じて連絡をすれば、8割近い確率で一流のスタートアップもミーティングのテーブルについてくれている（もちろんスタートアップがアーリーステージなどで日本市場をスコープに入れていない段階で、企業側も日本市場での展開を想定している場合はミーティング自体が断られることもあるが）。

　よくシリコンバレーのインナーサークルの内側に入ることはできないといわれる。確かに一流のスタートアップに出資をすることは難しいが、顧客になることにより超一流のスタートアップと協業することは可能なのである。

CHAPTER

03

第 3 章

スタートアップに選ばれる
ベンチャークライアントになろう

3-1 | スタートアップに特化したプロセスの必要性

「ベンチャーキャピタル」という用語がリスクの高いスタートアップの株式への投資を示しているように、「ベンチャークライアント」もリスクの高いスタートアップからの製品を購入する主体であることを指す[1]。スタートアップの製品は、実際の現場で実証されていないことが多いため、従来のサプライヤーから製品やソリューションを購入するよりも多くのリスクが伴う。

前述のようにリスクが高い状況ではあるが、ベンチャークライアントモデルを推進する上で重要なポイントは、スタートアップに選ばれることである。スタートアップはリソースにも限界があり、何より調達資金が尽きる約24カ月の命を燃やして戦う組織体である。何事もスピーディーに短期で実現していかなくてはならず、短期に多くの顧客にソリューションを販売しなくては、存続することができない。優秀なスタートアップは顧客を選別するのである。意思決定が極端に遅かったり、拡張性のないカスタマイズばかりを要求してきたりする顧客とは付き合うことはない。そのためスタートアップを顧客とするためのプロセスを設計する必要がある。

ドイツ BMW にてベンチャークライアントモデルを開発した本書共著者の Gregor Gimmy（グレゴール・ギミー）は「スタートアップは世界で最も強力なイノベーションのエコシステムの資金力、ネットワークを活用し、既存のサプライヤーとは全く異なる状況でイノベーションを起

---

[1] Gregor Gimmy, 『BUY, DON'T INVEST』第9章参照

こしている。スタートアップが何を求めているか、イノベーションのエコシステムがどのように動いているかの基礎的な理解に基づき、スタートアップとの取引を戦略的にデザインすべきである」と語る。

　ベンチャークライアントモデルの活用により国際商業会議所からも表彰を受けている欧州 Airbus（エアバス）の Greg Ombach（グレッグ・オンバッハ）氏も、「スタートアップは Airbus との取引を望んでいるのである。そのため、私たちは調達や法務を通過するためのファストトラックを用意している[2]」と、スタートアップの特質に合わせた従来と異なるプロセスの重要性を解く。本章ではスタートアップが企業の顧客になる際に企業側に求めることを理解したうえで、どのようなベンチャークライアントモデルのプロセスを設計すべきかをみていく。

[2]　https://www.forbes.com/sites/forbestechcouncil/2023/03/30/how-venture-client-units-are-revolutionizing-corporate-innovation/?sh=5562345c622c

3-2 ベンチャークライアントモデルの対象になる スタートアップとは

　ベンチャークライアントモデルの対象となる世界トップクラスのスタートアップとはどのような企業なのであろうか。ベンチャークライアントモデルが目的にしているのは、戦略的課題の解決であり、この課題の解決はどんなスタートアップでも行えるわけではない。企業が製品を開発する際に差別化の要素となるような技術を提供し、オペレーションを劇的に改善するスタートアップでなくてはならない。既存のサプライヤーやベンダーが持っていない技術やソリューションで課題を解決するスタートアップが求められる。Gregorはこのようなスタートアップを「①起業家によって意思決定される非上場の企業（法人）であり、②独自に保護された知的財産（IP）に基づく拡張可能な製品によって戦略的に関連する課題を解決する企業である[3]」と定義する。

　「起業家によって意思決定される非上場の法人」という部分について検討する。まず、「法人」であることは、資金、人材、知的財産の拡張性があることを意味している。また、研究を行っている個人ではなく「法人」であることで、投資家を含む多くのステークホルダーを巻き込んで活動できる法人として生き残ろうとするインセンティブが強く働く。ビジネスモデルを組み立てソリューションを販売することで拡大を目指すことで、高速に検証を繰り返しながら、まさに瀕死（ひんし）の状態でもがきながら新たなソリューションをひねり出すのである。

　「起業家によって意思決定される非公開の法人」という定義を満た

---

[3]　より詳細にはGregor Gimmy、『BUY, DON'T INVEST』第2章参照

80

す企業は多くある。一方でベンチャークライアントモデルが主な対象とするのは、既存のサプライヤーやベンダーが持っていない技術、ソリューションで課題を解決している企業である。そのため、「独自に保護された知的財産（IP）に基づく拡張可能な製品によって戦略的に関連する課題を解決する企業」が重要な要件となる。知的財産を持つスタートアップは、独自の技術や製品による競争優位性を確保し、市場での独占的または優位な地位を築くことができる。このような独占権は、他社による模倣や競争を阻止し、高い利益率を実現する。また、ライセンス契約や特許売却など、知的財産を活用した多様な収益源を生み出すことも可能になる。さらに、強力な知的財産ポートフォリオを構築できれば、投資家やパートナーからの信頼を勝ち取り、資金調達や事業拡大のチャンスが高まる。これらの要素が組み合わさることで、知的財産を持つスタートアップは、市場で迅速に成長し、自らの競争優位性を高め、より野心的な課題を解決できるようになるのである。

　ベンチャークライアントモデルに関する活動をしていると、どのようなステージのスタートアップが対象になるのかの質問を受けることも多い。質問への答えとしては、既存のソリューションとの差分が大きい、インパクトの大きい課題を解決できるスタートアップが求められる。そのため、まだソリューションがコモディティー化していないシリーズ Aや B の段階のスタートアップが多く対象になる。一方で、シリーズ Aや B の場合、技術的な目利きは非常に困難であるため、①一流のアクセラレーターを卒業している、②一流のベンチャーキャピタル（VC）からの出資を受けている、③成功したシリアルアントレプレナーがリーダーシップチームにいる、などのスクリーニング要件を設けることも一案である。実際に、BMW Startup Garage（BMW スタートアップガレージ）のプログラムではアクセラレーターおよび VC からの出資が最低限の要

件として記載されている。

　イメージがつきやすいようにどのようなスタートアップが該当するか事例をあげてみる。近年シリコンバレーで非常に話題になった資金調達がある。ヒューマノイド用の人工知能（AI）およびヒューマノイドハードウェアの開発を行う米 Figure AI（フィギュア AI）が実施したシリーズ B の資金調達である。Figure AI は、米 Microsoft（マイクロソフト）、OpenAI（オープン AI）を含む投資家から 5 億ドルの資金調達を実施予定であることが 2024 年 1 月 31 日に報じられた[4]。これに対して初回のラウンドクローズで集まった金額は、米 Amazon.com（アマゾン・ドット・コム）、米 NVIDIA（エヌビディア）、米 Intel（インテル）、韓国 Samsung（サムスン）などが運営するベンチャーキャピタルを含めて 6 億 7500 万ドルとなっており、資金調達環境が厳しい昨今の状況では珍しい出来事となった[5]。

　Figure AI は、過去に 2 度、総額 30 億ドルの EXIT を達成している Brett Adcock（ブレット・アドコック）氏が創業者兼 CEO として起業しており、創業メンバーは目的に従って動く犬型のロボットとして有名な米 Boston Dynamics（ボストン・ダイナミクス）の開発チームや、Tesla Bot を開発したチームが名を連ねる。ヒューマノイドおよび AI の分野で多くの知財を開発している。ヒューマノイドの市場は、高齢化社会の到来により労働力不足に悩む多くの市場の課題を解決する可能性があるともいわれており、Goldman Sachs は、2035 年までに世界の高齢

---

[4]　Jyoti Mann, Business Insider, 'Microsoft and OpenAI are in talks to inject $500 million into humanoid robotics startup Figure AI, report says' https://www.businessinsider.com/microsoft-openai-talks-investment-figure-ai-humanoid-robotics-report-2024-1

[5]　Erin Snodgrass, Business Insider, 'Jeff Bezos and Nvidia are throwing serious cash at a human-like robot startup' https://www.businessinsider.com/jeff-bezos-nvidia-throwing-cash-humanoid-robot-startup-2024-2

者介護需要の 2% を満たし[6]、市場規模は 2035 年に 380 億ドルに達する可能性がある[7]とする。オーストラリアの金融機関である Macquarie（マッコーリー）は、家庭用市場需要が 2050 年までに 3 兆ドルに達すると予測している[8]。

　この資金調達に先立って BMW は Figure AI のヒューマノイドを自社の製造工場で活用する商用契約を発表した。ヒューマノイドの実用化にはまだ時間がかかるといわれている。まさにサンプル製品を購入し、実際に試す行為であるベンチャークライアントの考え方に基づく。ヒューマノイドが製造工場で実用化された際のインパクトは計り知れない。

　これらのスタートアップが持つ力は企業にとって代えがたいものであり、競争優位の源泉となり得る。それではこれらのスタートアップの力を最大限に活用するベンチャークライアントモデルはどのようなプロセスであるべきなのであろうか。

[6]　Goldman Sachs, GOLDMAN SACHS RESEARCH 'Humanoid robot: The AI accelerant' https://www.goldmansachs.com/intelligence/pages/global-automation-humanoid-robot-the-ai-accelerant.html

[7]　Goldman Sachs, Article' The global market for humanoid robots could reach $38 billion by 2035' https://www.goldmansachs.com/intelligence/pages/the-global-market-for-robots-could-reach-38-billion-by-2035.html

[8]　Macquarie, Perspectives 'Are we turning a corner on the humanoid robot age?' https://www.macquarie.com/au/en/insights/are-we-turning-a-corner-on-the-humanoid-robot-age.html

3-3　スタートアップに選ばれるベンチャークライアントのプロセスとは

　企業はどのような点に留意すれば、ベンチャークライアントモデルの対象である優秀なスタートアップが喜ぶ手法を構築できるのであろうか。グローバルで製品を販売するスタートアップ企業の経営層を対象にドイツ 27pilots（27 パイロット）が実施したアンケート「STATE OF VENTURE CLIENT REPORT First Edition: April 2023」では、スタートアップがベンチャークライアントとなる大企業に購買に際して期待していることが挙げられている[9]（**図 3-1**）。これらの項目からスタートアップに選ばれるベンチャークライアントのプロセスを考えてみる。

図 3-1　スタートアップが企業に期待すること

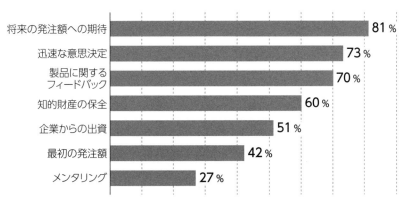

出所：「STATE OF VENTURE CLIENT REPORT First Edition: April 2023」を基に筆者作成

----

[9]　https://stateofventureclient.com/

1 将来のソリューションの本格採用への期待（81%）

　スタートアップは、顧客によるソリューションの本格採用、拡張的な購入を強く望んでいる。スタートアップにとっては顧客からの売り上げこそが継続的な成長の源泉である。大型の受注を達成し、自らのプロダクトが拡張的であることを示すことができれば、成功に大きく近づけるからである。この点において、スタートアップは企業から提示される解決すべき課題が全社的な合意に基づくものであり、全社導入のスケーラビリティーがあることを希望している。これを実現するためには、企業での課題が、中期経営計画などの全社戦略から各事業部に落とし込まれた目標を達成するための切実な課題であることが重要となる。

2 迅速な意思決定（73%）

　ベンチャークライアントとなる企業と関わるスタートアップは、スタートアップ用に工夫された調達プロセスにより、最初の注文を獲得するまでの時間を大幅に短縮できることを期待する（図 3-2）。スタートアップは 24 カ月の命を燃やして戦っているのである。一方で、スタートアップの経営層へのアンケート結果によると、69%の企業が発注を受けるまでに 3 カ月かそれ以上かかると答えており、そのうち 30%超が半年超

図 3-2　スタートアップが最初の注文を得るまでの期間

期間	割合
26週間超	30.56 %
13週間〜 26週間	38.89 %
5週間〜 12週間	20.83 %
1週間〜 4週間	5.56 %
その他	4.17 %

出所：「STATE OF VENTURE CLIENT REPORT First Edition: April 2023」を基に筆者作成

かかると答えている。発注に半年超かかることは、人生の4分の1の時間、何もせずに待たされているようなものである。企業が調達プロセスを変革することにより、スタートアップは早期に注文を獲得し、製品、ソリューションや技術が実際に使用される環境で実用化を進めることができ、市場への参入を加速できる。迅速な購買を実現するため、企業は調達にまつわるリスクを徹底的に削減する従来の調達プロセスとは異なる、スタートアップに適した迅速な意思決定プロセスを準備する必要がある。

3 知的財産の保全 (60%)

スタートアップは、技術開発および製品開発における知的財産が自社のコントロール下にあることを希望する。スタートアップは多くの顧客企業に対して課題を解決する製品を販売することによって存続する存在である。制約を受けない販売のためには知的財産の保全が何にもまして重要な要素である。この点、継続的に競争優位を獲得したい企業側とスタートアップ側でコンフリクトが生じる可能性がある。ベンチャークライアントモデルでは決して、共同開発による知的財産の主張を否定しているわけではない。少なくともお互いが技術や製品の真の価値やどの程度大きな取引が可能かを実際に腹落ち感を持って理解できてから、知的財産権に関わる議論をすべきと整理している。具体的には、ベンチャークライアントモデルの第3段階であるPurchase（購買）のフェーズでは知的財産権について制約を設けない共同開発やコンサルティングの要素を排除したMVP（Minimum Viable Purchase：実行可能な最小の購入）を行うことを推奨している。その後、第4段階のPilot（試用）での実環境での適用可能性検証を踏まえ、具体的にどの程度企業側で本格導入できるかの見込みがついてから、第5段階Adopt（本格採用）でお互いの理解に基づき誠実な対応をすることを推奨している。

4 投資家リスクと株式希薄化の排除（51％）

　スタートアップの創業者は、企業に株式を取得されることによる持分の希薄化を避けたがる。企業から投資を受けることにより同社の競合と取引できなくなるリスクを下げたいと考える。ベンチャークライアントモデルでは、企業がスタートアップの株式を取得しないで購買を実施することを勧める。これによって、創業者の株式希薄化を防ぐこと、および他の潜在的な顧客候補企業を失うリスクの発生を防ぐことを企図している。

5 製品へのフィードバック、専門知識へのアクセス（70％）

　スタートアップは、一般的な経営に関するメンタリング（27％）ではなく、製品やサービスの提供にあたり、企業が抱える経験豊富な領域の専門家の知識からの具体的なフィードバック（70％）を期待する。この過程の中で、スタートアップは、技術に関する専門的な知見に加え、通常はアクセスできないインフラや環境へのアクセスを獲得できる場合もある。このような協力的な関係は、スタートアップに貴重な洞察をもたらし、市場の需要および顧客の課題に効果的に対応するための製品およびソリューションの開発が促進される。こうした Win-Win の関係を構築するためには、企業内で製品やソリューションに関して具体的なフィードバックが可能な専門的なリソースをアサインできる状況をつくる必要がある。

　以上のようにスタートアップの要望に応えることのできるベンチャークライアントモデルをデザインすべきであり、このようなプロセスはスタートアップからも歓迎される（**表3-1**）。実際に、BMW Startup Garage を活用しセンサーを活用したモーションプランニングソリューションを提供するスイス Embotech（エンボテック）CTO 兼共同創業者の Alexander Domahidi（アレクサンダー・ドマヒディ）氏は、BMW

表 3-1　ベンチャークライアントモデルをデザインする際の留意点

スタートアップ の期待	ベンチャークライアントモデルを デザインする際の留意点	関与者
将来のソリューションの 本格採用	戦略との連動による解くべき課題の明確化	経営陣、企画、各事 業部
迅速な意思決定	スタートアップ専門の短縮された調達プロセスの設計	購買部門
知財の保全	MVP 段階での開発契約やコンサル契約の排除による知的財産権の保全	知財、法務
投資家リスクと株式希薄 化の排除	株式を取得しない手法の確立	企画、法務
製品へのフィードバック 専門知識へのアクセス	専門家のアサイン、各事業部のプロセスへの 巻き込み	各事業部や R&D 部門

Startup Garage について知的財産保全の観点から「小さなスタートアップが大企業と話をする際、大企業がすべての知財を欲しがることがよくあります。それは BMW とはまったく異なるものでした。私たちはあなたの IP はいらない、あなたの能力とライセンスをテストしたいだけだと言ったのです。これが、私たちが BMW としっかり取り組んでいきたいと思った理由でもあります[10]」と語っている。適切な組織内の関係者を巻き込み、スタートアップに寄り添ったプロセスをデザインすることにより、世界のトップクラスのスタートアップが取引をしたいと思うような関係を構築することが可能になる。

[10] https://www.bmwstartupgarage.com/success-stories/　の動画より引用

3-4 | スタートアップにとってのフェアトレード

　「ベンチャークライアント」という言葉を使うことは、企業のイメージを醸成するためにも、スタートアップとの関係を構築するためにも、非常に役に立つ。

企業のイメージ醸成

　プロセス自体のデザインと同様に、もしくはそれ以上に重要なのが、実際にスタートアップに向き合うインターフェースとなる企業のメンバーのスタートアップに対する姿勢、態度である。スタートアップ企業との付き合い方をルール化することは難しい。社内でのコミュニケーションにおいても、社外、つまりスタートアップのエコシステムにおいても、あなたの会社の管理職と従業員の双方が、どのようにスタートアップに対して接するか、持つべきマインドセットを持っているかがスタートアップからみた際の企業の魅力度に重要な影響を与える。優れたベンチャークライアントはスタートアップを対等に扱う。むしろ時にはそれを超えて、問題の解決策を求めるユーザーのように敬意をもって振る舞うことが重要となる。

　Gregorは自らの書籍で「多くの場合、スタートアップは、自社のドアをノックしてくる企業に対して不安を抱いている。『彼らは私たちに何を求めているのだろう？　私たちの製品に関する詳細な情報を収集するために私たちをスパイしているのではないか？』という不安である。このようなスタートアップに対してベンチャークライアントと名乗ることは、そのような懸念を抱かれるのを防ぐのに役立つ。『私は問題を抱えており、最善の解決策を探している。あなたの製品が他より優れてい

るなら、喜んで買いますよ』と宣言し、自社の発展のためにスタートアップの助けが必要であり、彼らの製品があなたの問題を解決できると認識していることを表明しているのである[11]」と述べている。

　実際に、BMW Startup Garage も LinkedIn ページで、「私たちは、BMW グループの全事業部門において、スタートアップの支援を通じてイノベーションのスピードと質を向上させることを目指しています。ベンチャークライアントとして、私たちはたとえスタートアップの製品やソリューションがプロトタイプのステージであってもアーリーアダプターとなります[12]」とする。ベンチャークライアントとしてイノベーション推進を目的に、積極的にスタートアップの製品やソリューションを採用するという姿勢を訴えているのである。

プロの顧客であることの表明

　Gregor は、「宣言は、自分がスタートアップに対する『プロの顧客』であることを示している。つまり、既存企業から購入する場合よりも高いリスクを負っており、適切な購買プロセスを準備していることを PRしているともいえる。既存のサプライヤー企業との取引では、製品は通常より成熟しており、企業はテスト結果や認証を信頼することができる環境にある。また、誰もが前年の報告書で財務状況を調べることができ、安心して取引できる。明らかにスタートアップではそのすべてが不可能だ。しかし、あなたは彼らに、"私たちは準備ができており、それでも構わない"と言いスタートアップと取引をするのである[13]」とする。ド

---

[11] Gregor Gimmy,『BUY, DON'T INVEST』第9章より引用

[12] BMW Startup Garage の LinkedIn ページ https://www.linkedin.com/company/bmw-startup-garage/ より以下を引用　Our goal is to foster innovation speed and quality - through the help from startups - at all BMW Group Divisions. As a Venture Client, the BMW Group becomes the early adopter client of a startup, even if its product, service or technology is still on a prototype stage.

[13] Gregor Gimmy,『BUY, DON'T INVEST』第9章より引用

イツ Bosch（ボッシュ）のベンチャークライアントユニットである Open Bosch（オープンボッシュ）の Web ページには「Open Bosch はいわゆるベンチャークライアントのプロセスを採用しています。私たちは、事業部門がスタートアップの世界から外部パートナーの可能性を特定し、適切な企業を見つけ、最初の協業プロジェクト（パイロット）に参加するのを支援します」との記載がされており、5つのプロセスと各プロセスで行うべき事項が明示されている。

　この5つのプロセスは、まさに第2章で紹介したプロセスそのものであり、それを透明性をもって外部に開示することにより、スタートアップが安心して取引に望める環境を整えているのである。スタートアップが期待するポイントに対してしっかりとプロセスをデザインしフェアな対応を行い、かつ企業としてリスクをコントロールしたプロセスを準備していると表明することが重要となる。

　このようなブランドを確立した企業には、良質なスタートアップからの真剣な提案が殺到することになるだろう。このようなブランディングの効果を狙って、前述の BMW や Bosch は、自らがベンチャークライアントの考え方に基づいて取引を行っていると開示しているのである。ベンチャークライアントモデルは、スタートアップとフェアトレードを行っていることを示すスタンダードとなりつつあるのである。

3-5 改善し続ける基盤とKPI

　構築したベンチャークライアントモデルがスタートアップから喜ばれ続け、企業に戦略的インパクトをもたらすものであるためにも、構築したベンチャークライアントモデルのプロセスがもたらしている戦略的な経済的利益の金額を常に確認することが重要である。これに加えて、先進的なベンチャークライアントでは、戦略的利益の創出につながる各種ベンチャークライアントのプロセスに詳細なKPI（重要業績評価指標）を設定する。これをモニタリングすることで、より効果的なベンチャークライアントモデルの運用を目指している。

　みるべきKPIは戦略的インパクトKPIと運用パフォーマンスKPIに分類されるが、最も重要なのが戦略的KPIの一部である戦略的利益の測定である。戦略的課題を解決し、経済的効果（売上の増加、費用の削減）を実現するのがベンチャークライアントモデルの究極的な目的であるし、戦略的利益はベンチャークライアントモデルの活動を推進する大きな原動力となる。一方で、米GE VenturesのChief Risk and Investment Officer（最高リスク・投資責任者）であるDavid Mayhew（デビッド・メイヒュー）氏が「財務的リターンを測定するのは簡単だが、意味のある継続的な方法で戦略的リターンを測定するコードは誰も解読していない[14]」との言葉を残したように、戦略的利益を計算するのは非常に難しいとされてきた。ベンチャークライアントモデルでは、この戦

---

[14] David Mayhew 氏のHarvard Business Review P27のTHE IDEA IN PRACTICE "NOBODY HAS CRACKED THE CODE FOR MEASURING STRATEGIC RETURNS"での'It's easy to measure financial returns, but nobody has cracked the code for measuring strategic returns in a meaningful, ongoing way.'を引用

略的利益の算出のモデル化を試みている。戦略的利益は、スタートアッ
プの技術が会社の競争力に与える影響額によって測定され、具体的には
ビジネスケースから計算される収益の増加への貢献と費用の削減額とな
る。例えば、ドローンの空撮によるオペレーション自動化を行ったとす
る。この場合は、旧来の手法（手動検査にかかる時給×工数＋旅費・人
件費を含む移動費用）と新たな手法（時給×工数＋新ソリューション導
入費用）による経済効果の差分から測定される。

　このような戦略的な利益に加え、重要中間指標としては発注書（P／
O）が挙げられる。Gregor は「BMW におけるベンチャークライアント
ユニットの設立を承認した際、Herbert Diess（ヘルベルト・ディース、
2014 年当時は BMW の CTO）氏は『我々のエンジニアがスタートアッ
プから購入するかどうか見てみよう』と述べ、ベンチャークライアント
モデルで戦略的利益を生むための重要な KPI が、特定された戦略的な
課題に対して評価を行った上でどれぐらいスタートアップの製品やソ
リューションを購入できているかにあるとした。こうして BMW
Startup Garage では、最初の KPI として発注書（P／O）の発行数が
規定された[15]。BMW の熟練エンジニアがスタートアップから喜んで購
入するのであれば、戦略的な課題に対してそのスタートアップが卓越し
た価値のあるソリューションを提供していることを強く証明することに
なる。そして、ベンチャークライアントユニットは、その戦略的使命を
達成したことになる」とし、中間指標として機能するものとして、発注
書の発行数を定めた。ベンチャークライアントモデルでは、拡張性をもっ
て戦略的利益を実現することを目指す。Gregor は「設立後 2 年以内に
年間 10 ～ 20 件の発注（P／O）を行うことを推奨する。売上高が 10

[15] Gregor Gimmy, Venture Client KPIs Unlocking the Strategic Potential of Startups for Corporations: A Deep Dive into KPIs of Venture Client Units, Medium 2023 https://medium.com/@gregor_gimmy/venture-client-kpis-e7927a4d62c9

億（ユーロまたは米ドル）未満の企業については、より適切な目標は年間5〜10件などを目指すことが目安となる」と目標とすべき値に言及する[16]。また、ベンチャークライアントモデルのプロセスは非常に標準化がされており、拡張が可能な仕組みであるが、ベンチャークライアントモデルを改善し続けるためには、活動に関する様々なKPIを計測した方がよい。

　活動を改善するためのKPIには、各フェーズの活動実績を表す指標が含まれる。多くの企業のベンチャークライアントモデルを導入してきたGregorは、MVPの発注書の数、本格採用数、採用率をプロセスの中での重要な指標として測定しつつ、質の高いスタートアップの評価数、採用数、スタートアップとの接触から発注書までの日数、関与した部門の数、パイロット1件あたりの総費用などを測定することを勧めている[17]。

　その他に、製品やソリューションの本格採用数、P／Oと本格採用数の関係性を示す指標としてスタートアップパイロットの成功率などの指標がベンチャークライアントモデルの成果を測定する重要な指標に含まれる。

　これらの指標を追い続けることで、スタートアップとどのぐらい多くのインパクトのある活動を実施しておりスタートアップからも選ばれているかが明確化されるとともに、実効性をもってより魅力的な活動となるように改善活動が続けられる環境が整うのである。

[16] Gregor Gimmy, Venture Client KPIs Unlocking the Strategic Potential of Startups for Corporations: A Deep Dive into KPIs of Venture Client Units, Medium 2023
[17] https://medium.com/@gregor_gimmy/venture-client-kpis-e7927a4d62c9

CHAPTER

04

第 4 章

BMW が構築した
ベンチャークライアントモデルとは

4-1 BMW のベンチャークライアントモデル

本書で繰り返し事例に登場するドイツ BMW は、2015 年から世界に先駆けて世界初のベンチャークライアントユニット、BMW Startup Garage（BMW スタートアップガレージ）を設立し、スタートアップフレンドリーな仕組みとして運用している。本書の共著者である Gregor Gimmy（グレゴール・ギミー）が BMW で開発し、「ベンチャークライアントモデル」としてイノベーションの手法論としても体系化した。

Gregor が同モデルを構築した原体験は、BMW の過去のスタートアップ協業を振り返った際、最もインパクトのある協業はイスラエル Mobileye（モービルアイ）の ADAS（先進運転支援システム）を量産車に投入したケースである、と理解したことであった。運転支援システム開発の技術導入にあたって、BMW のエンジニアが「他のサプライヤーより圧倒的に優れているので Mobileye 以外の採用は考えられない」と口をそろえて言及したことに衝撃を受けたのである[1]。

この事象は、企業にとって大きな経済的利益につながる戦略的な課題を解決できる最短の経路が、世界のトップクラスのスタートアップとの協業であることを意味していた。

Gregor が構築したベンチャークライアントモデルでは、企業にとっての戦略的な利益につながる課題を素早く特定できるようにする。その上で、課題の解決によって生まれる利益を、実行可能性と再現可能性があ

[1] Gregor Gimmy, 『BUY, DON'T INVEST』

る形で企業にもたらすことを目指している。

　Gregor は戦略的利益を継続的に得ることができるスタートアップ協業モデルを構築するために 5 要件を導出した。そして、ベンチャークライアントモデルでこの要件を解決するアプローチを採る。自らの著書『BUY, DON'T INVEST（投資をするな、顧客になれ）』の記述から、どのようにして Gregor が BMW でベンチャークライアントモデルを構築したか理解を深めたい。

4-2 ベンチャークライアントモデルの要件

要件その1：企業の課題を認識できるか？

　私（Gregor）がBMWで新たなスタートアップ協業モデルを構築しようとした際に気付いた最も重要なことのひとつは、スタートアップがより良く解決できるような重要な課題を見つけることを専門的に行い、適切に実施できている人が、私が入社した当時のBMWにはいなかったということだ。おそらく、誰もが課題に気付いていなかったり、課題を重要だと考えていなかったりしたのだろう。もしくは誰もが解決不可能だとはじめから諦めてしまっていたのかもしれない。

　「BMWには最高のエンジニアがいる。本当にスタートアップがBMWよりうまく課題を解決できるのか」という同僚たちからの懐疑的な意見を鮮明に覚えている。「もちろんだよ」それが私の答えだった。このエピソードは、BMWの革新性や同僚たちの創造性や技術を批判するものではないと付け加えておく。私は米IDEO（アイディオ）や米Apple（アップル）と同じくらい（それ以上ではないにしても）BMWを尊敬している。ただ、スタートアップの方がよりうまく解決できる問題はたくさんあると信じている。

要件その2：トップクラスのスタートアップを特定し、活用できるか？

　すべてのスタートアップが課題をより良く解決できるわけではない。むしろほとんどの企業は課題を解決できない。スタートアップの中でもその可能性を秘めた企業はごくわずか、ほんの0.5%の話だ。だからこそ、あなたが素晴らしいスタートアップを見つけるのを助けるモデルが必要なのだ。毎年膨大な数のスタートアップが生まれる中で、自社にとって

有用なものを偶然見つけることなどできない。「狙って」選ぶ必要があるのである。

　仮に優れたスタートアップを見分けることができたとしても、そのトップクラスのスタートアップに、あなたの会社とともに課題を解決したいと思ってもらわなくてはならない。結局のところ、「Next Big Thing」を発見しても、その発見者があなたの会社に興味を示さなければ、取り組みが始まらない。あなたは選ばれる立場なのである。つまり、自社を興味深く見せることができなければ意味がないのである。

要件その 3：スタートアップをエコシステムで捉え、大量に付き合う

　この時点で、「うーん、全スタートアップの 0.5 ％か。そのために本当に新しいモデルや組織が必要なのか？　年間 10 台足らずの新車を生産するためだけに新しい工場を建設することはないだろう」という声が聞かれるかもしれない。

　だが考えてみてほしい。5000 万社の 0.5 ％は 25 万社になる。ベンチャーキャピタルから資金を得るスタートアップの数は、おおよそこのくらいである。この 25 万社のうち、あなたの企業に関連する可能性があるのは一握りよりもはるかに多い。私は 2015 年に BMW で同モデルを構築した際、BMW に関連する可能性のあるスタートアップの数をおよそ 2 万社と計算した。この中からあなたの企業に適したスタートアップ企業を選ぶ必要があるのである。

　可能性を検討する際は、単体のスタートアップを捉えるのではなく、エコシステムの中で何がトレンドになっているのかを捉えなくてはならない。これにより、将来解決できる課題のイメージを持つことができる。もしスタートアップの間で競争が起こっていれば、技術が磨かれ、課題

が解決される可能性が高まる。可能性は個々のスタートアップにあるのではなく、エコシステム全体にある。自社に関連するこのようなトレンドを一般的に1年に10以上観察することができる。1つのトレンドに対して多くのスタートアップが存在することを考えると、年間数社のスタートアップとしか協業できないモデルでは、必然的に適切な候補者を逃し、ひいては競争上の優位性を逃してしまう。例えば、売上高が100億ドル以上の企業であれば、最低でも年間数十社のスタートアップから利益を得ることができるはずだ。

要件その4：戦略的アウトプットがインプットを上回るようにする

年間数十社のスタートアップを扱うと聞くと、人的リソースや時間的制約の観点で「冗談じゃない」と感じるかもしれない。少なくとも、出資を行う資本的なモデルを前提としてスタートアップとの共創を捉える際には、確かに数十社のスタートアップと取引することは難しいだろう。しかし、だからといって協業するスタートアップが数十社も必要ないということにはならない。最大限の利益を得るためにも、イノベーション活動を継続的なものにするためにも、これを可能にする必要がある。資本的なモデルだけでは、リソースのインプットに対して、得られるアウトプットが低すぎるのだ。インプットに対するアウトプットを劇的に高める必要があるのである。

要件その5：測定可能性を確保する

我々が開発するスタートアップ協業モデル（ベンチャークライアントモデル）のアウトプットはインプットより大きくなければならない。例えば、IT、生産、物流などにおいて、あるスタートアップがあなたの会社のコストを年間平均100万ドル削減したとしよう。あなたは、このスタートアップを見つけ、そのテクノロジーを統合するために50万ドルを費やした。ライセンスや人材など、スタートアップのテクノロジーを

使用するために必要なすべてのコストを合わせた総所有コストは、年間20 万ドルである。その成果として 3 年後、あなたの会社が合計で 300万ドルを節約したとする。インプットは 110 万ドル（1 × 50 万ドル ＋ 3× 20 万ドル）なので、このスタートアップ 1 社で収支はプラス 190 万ドルとなる。

　とはいえ、インプットよりアウトプットを確実に大きくすることは難しい。そのため新たなモデルには、問題を特定してスタートアップの解決策を当てはめるだけでなく、アウトプットとインプットを継続的に測定できるようにする必要がある。そうして初めて、何が自社にとって意味があり、何に意味がないかを判断できるようになる。

　このように様々な経験を通して、私は優れたスタートアップ協業モデルが満たさなければならない 5 つの要件を特定した。ベンチャークライアントモデルがこれらの要件をどのように解決しているかをみていく。

4-3 ベンチャークライアントモデルの要件への対応

要件その１（企業の課題を認識できるか？）と要件その２（トップクラスのスタートアップを特定し、活用できるか？）の解決法

　明らかな課題はもちろんのこと、適切なツールの助けを借りれば、そうでない潜在的な課題さえも直接感じ取ることができるようになる。これにはスタートアップの動きを観察するのが効果的である。特に2007年以降、いくつかのスタートアップの情報サービスによって、ベンチャーキャピタルのデータ独占に終止符が打たれた。PitchBook がその先導役となり、CB Insights などが今までブラックボックスであったスタートアップの世界を透明な水晶玉に変えたのである。

　こうした新しい（破壊的な）テクノロジーのおかげで、企業は適切なツールの助けを借りてスタートアップのエコシステムをのぞき見ることができるようになった。どのようなスタートアップが存在し、どのような活動をしているのか、そして誰が彼らに投資しているのか分かるようになった。世界中のほとんどすべてのスタートアップに関する詳細な投資情報は、今やスタートアップ専用のデータベースで見つけることができる。

　そしてより重要なことは、どのスタートアップにも顧客が必要だということだ。顧客は多ければ多いほどいい。あなたが良い顧客になれることを証明すれば、トップクラスのスタートアップ企業もあなたに熱意を示すだろう。ベンチャーキャピタルと競合することはない。それどころか、彼らはあなたの戦略的な味方になるだろう。クライアントは王様（Client is King）であり、ベンチャークライアントになることにより、

あなたが主導権を握るのだ。

要件その 3（スタートアップをエコシステムで捉え、大量に付き合う）の解決法

　BMW、Apple、米 Coca-Cola（コカ・コーラ）のような大企業は、毎年何千もの一般企業やサプライヤー企業から購買・調達活動を行っている。もしスタートアップの顧客になる手法を適切に見つけることができ、購買、調達活動を適切にデザインすることができれば、50 社や 100 社、仮に 500 社であってもスタートアップからの購入をマネジメントすることはたやすいであろう。むしろ、スタートアップからの購買プロセスを既存の購買プロセスのように拡張性のあるようにデザインできるかがポイントなのである。これには、通常の購買プロセスにおいてスタートアップの特性に照らして課題になるような点を洗い出した上で、スタートアップが何を求めているかを反映させた購買プロセスを準備する必要がある。スタートアップとの取引に伴うリスクが高いとはいえ、スタートアップからの 1 件あたりの調達金額は大きくないので、リスクを勘案した上で適切にマネジメントすることは十分に可能である。

要件その 4（戦略的アウトプットがインプットを上回るようにする）の解決法

　すべての企業はこの古くから続く問いに直面しており、少なくとも収益性の高い企業はこの問題も解決している。人材、材料、技術、事業などのアセットを購入し、これらのアセットを使ってアウトプットを生み出す。このアプローチは、スタートアップにもまったく同じように適用できる。前述のように、コストを適切にマネジメントして、それを上回る戦略的利益を獲得できればよいのである。このためには、インプットを合理的な範囲に抑え、アウトプットが最大化するようなモデルを構築すればよい。そのため新たなスタートアップ協業モデル（ベンチャーク

ライアントモデル）では、1件あたりの購入金額を抑え、期待されるアウトプットである解決される課題を大きなものに絞る必要がある。

要件その5（測定可能性を確保する）の解決法

　多くの企業は、購買に対するインプットとアウトプットを測定するための方法論を持っていない。インプットとアウトプットの測定には、特に他社を買収する場合の考え方を当てはめてみてはどうだろうか。他社を買収する際には、戦略シナジーや統合シナジーの算出において、多くの仮定計算が実施される。もし、実際にM&A（合併・買収）を行った場合、間接部門の統合が可能になり、××ドルの効率化が行われるのではないか。新製品の開発により、××ドルの売り上げアップが見込めるのではないか。このような考え方を適用し、経済価値を算定することで、アウトプットが測定可能になる。

4-4 ベンチャークライアントモデルの誕生と成功

　2014 年 6 月、私は当時 BMW の CTO（最高技術責任者）であった Herbert Diess（ヘルベルト・ディース）氏に、以上の 5 要件を満たした新たなモデルを構築したいと伝えた。「やってみろ！」即答であった。ベンチャークライアントモデルとして、以上の 5 つの要件をすべて満たすことは確かに可能である——少なくとも私はそう考えていた。そして、それは現実であった。その結果が、2015 年に私が立ち上げ、2018 年まで指揮を執った世界初のベンチャークライアントユニット（ベンチャークライアントモデルを体現した組織）である BMW Startup Garage（BMW スタートアップガレージ）だった。

　今日、BMW 以外にも欧州 Airbus（エアバス）、ドイツ Bosch（ボッシュ）、ドイツ Siemens（シーメンス）など数多くのグローバル企業がベンチャークライアントモデルを採用している。また、数十億ドルの研究開発予算を持つ世界最大の建設資材会社であるスイス Holcim（ホルシム）も私が開発したこのモデルを採用してくれている。さらに、これは私が特にうれしく思っていることであるが、スペインの鉄道車両メーカー CAF や産業用機器メーカー GH CRANES & COMPONENTS（GH クレーン＆コンポーネンツ）といった比較的小規模な企業までもがベンチャークライアントモデルを採用している。そして、それは例外なく、すべての企業にとってうまくいっているのである。

4-5 BMWのベンチャークライアントモデルの概要

　ここまで Gregor の著作を引用する形で、ベンチャークライアントモデルの構築に至る経緯を紹介した。続いては、その Gregor が立ち上げた BMW のベンチャークライアントユニットである BMW Startup Garage の活動について解説しよう。

世界初のベンチャークライアントモデル〜 BMW の目的

　BMW Startup Garage は、「BMW グループのベンチャークライアントユニットとして、BMW グループは、その製品、サービス、技術がまだ成熟していない初期の段階で、スタートアップの顧客となる[2]」ことを目指している。

　BMW は、世界のフロントランナーであるためには世界中のトップのスタートアップと協業することが重要であると理解しており、「世界最高のスタートアップをプログラムに参加させること[3]」をプログラムの目標として掲げる。また、リスクの高いスタートアップから適切に調達を実施できること、およびスタートアップに対してフレンドリーであることを示すためにも、BMW Startup Garage の Web ページでは自らがスタートアップの顧客である「ベンチャークライアント」であることを明示する。

　プログラムの中核は、パイロットプロジェクトの一環として機能的な

[2]　https://www.bmwstartupgarage.com/faq/
[3]　https://www.press.bmwgroup.com/deutschland/article/detail/T0295365DE/bmw-startup-garage-sichert-fruehen-zugang-zu-wegweisenden-innovationen?language=de

プロトタイプを開発することである。プロセスの中で、優れた技術を持つ選抜されたスタートアップの製品やサービス、またはテクノロジーの最初のユニットを購入する。購入の段階では、BMW Startup Garage は株式を購入するのではなく、知財を要求することもない。プロトタイプ段階にある場合でも、共同開発を依頼するのではなく、技術サンプルを購入する形式をとるのである。そして、実際の環境において（車両、工場、サービスのいずれでも）これを検証する。

　初期の段階では、スタートアップは市場に出せる製品を持っていないことが多い。BMW Startup Garage は、このようなまだ非常にリスクの高い段階にあるスタートアップを顧客にしている。スタートアップは、正式なサプライヤーとしての地位、サプライヤー番号、発注書、収益を得ることができる。プロセスを通じてお互いをよく知り、関連するフォローアップの注文を伴う長期的なパートナーシップを構築することを目指す。

　それに加えて、自動車の開発プロセスに関する貴重な洞察を得られることや、BMW 内部とのハイレベルなネットワークを構築し、自動車産業に参入するための事業計画策定支援などのサポートを受けられるのも大きなメリットとなる。BMW グループにとっての利点は、スタートアップの製品が市場に投入される前の技術革新を取り込める点と、自社の用途へのスタートアップ製品のカスタマイズの可能性が高まる点である。これにより BMW は戦略的利益を実現する可能性を高めることができる。BMW Startup Garage はスタートアップと Win-Win となることを目指しているのである。

戦略的領域とソーシングの仕組み

　BMW では大きな戦略的効果を創出するために、自分たちや既存のサ

図 4-1　サステナビリティーに関わる BMW のベンチャークライアントモデル施策

出所：プレスリリースなど公開情報をもとに筆者作成

プライヤーでは解決することが難しい課題を設定し、課題を解決することのできるトップクラスのスタートアップのソリューションを求める。そのため、ベンチャークライアントモデルを適用する領域として、E モビリティーや自動運転という巨大なトピックのほか、インテリジェント材料、インテリジェントビジネスプロセス、ロボット、AI（人工知能）、データ分析、積層造形（3D プリンティング ）などの分野を選定している。これは特にスタートアップの優位性があると考えられる、いわば自動車の DX（デジタルトランスフォーメーション）ともいえる領域を重視したものである。

　加えて気候変動、サステナビリティー対応が喫緊の課題となっている企業環境も踏まえ、SX（サステナビリティートランスフォーメーション）の領域にもベンチャークライアントモデルを適用する。BMW 社内でベンチャークライアントモデルが重要な役割を果たしている領域として、製品のライフサイクル全体にわたって持続可能性に取り組む BMW グループのイニシアチブ「360° Sustainability Challenge」がある（図4-1）。同プログラムではモビリティーを完全に持続可能なものにするため、新技術を持つスタートアップとのパートナーシップの構築と技術移転の確保に重点を置く。

　具体的な仕組みとしては、まだまだ領域ごとの課題が定まりきっていない特性を考慮して、領域とおおまかな課題の方向性を提示した 7 つの領域に対する公募型のプログラムを開催する。その上で、選定された企業に対してはベンチャークライアントモデルの枠組みで本格採用を前提としたサポートを行う取り組みである。2021 年に発表された 360° Sustainability Challenge の Winner として、6 社のスタートアップを選出し、それぞれのスタートアップが BMW Startup Garage を活用して協業を実施している。

　デジタルやサステナビリティーの新たな課題の解決に取り組むスタートアップの数は膨大である。BMW は少なくとも 2 万 5000 社の関連スタートアップが存在すると試算している。BMW のベンチャークライアントモデルを推進するユニットである BMW Startup Garage では世界中のスタートアップにアクセスするために工夫を行っている。認知度向上を含め積極的に働きかけられるように世界各地のトップスタートアップエコシステムでの認知度を高めていきながらスタートアップからアクセスしてもらうエコシステム型のアプローチ方法と、課題を解決できるスタートアップを自らアクティブに探していくスカウティング型の方法を

併用している。前者としては、シリコンバレー、上海、ソウル、東京、テルアビブなどのグローバルでの先進的なエコシステム、テクノロジーのホットスポットに少人数の機動的なチームを配置している。これらのメンバーは積極的にエコシステム内でのイベントに参加したり、BMW Startup Garage の取り組みや現在の課題を発信したりする活動を実施している。一方で、後者としては、自らの課題を解決する世界中の自動車業界以外のスタートアップも対象にテクノロジー企業を探索している。スタートアップの探索をする際には、社内ネットワークへのアクセス、BMW のエキスパートによる洞察とフィードバック、BMW グループを顧客とする可能性、自動車業界へのアクセスの提供などスタートアップ側へのメリットの訴求も忘れない。

　ネットワーキング、スタートアップ探索活動を通して、年間で世界中の 1500 以上のスタートアップ企業と交流し、その中から毎年 600 から 800 のスタートアップ企業について BMW Startup Garage プログラムへの参加可能性を評価している[4]。BMW Startup Garage はトップのスタートアップを選定する前提となる基準として、株式出資するアクセラレーターを卒業しているか、プロフェッショナルのベンチャーキャピタルからの出資を受けていることを要件としている。厳しい選抜の結果、毎年コンスタントに 30 程度の新興企業が BMW Startup Garage プログラムを修了しており、今まで 20 社のスタートアップが正規のサプライヤーとなっている。それでは、具体的な事例を見ていこう。

----

[4]　Bernhard Schambeck, who heads up BMW's Startup Garage
　　　https://thenextweb.com/news/how-bmw-is-innovating-its-business-to-build-cars-for-the-future

4-6 | BMW のベンチャークライアントモデルの成功事例

自律走行を全く違う形で実現

　BMW が以前から認識していた課題に、完成した車両をいかにして組み立てラインから自動走行させるかというものがあった。年間 250 万台以上の自動車を製造する場合、1 台あたり 2 ドルの移動費用削減であったとしても年間 500 万ドルのコスト削減になる。非常に大きな課題である。BMW はこの課題に従来と全く異なる方法でアプローチをしようとしていた。自動走行には、カメラ、LiDAR（レーザーレーダー）などのセンサーを車両に乗せるのが定石であるが、BMW は車両に一切の

図 4-2　BMW における工場・配送センター内の新車搬送コスト削減の施策

戦略的課題	●工場・配送センター内の新車の搬送コストの削減 ●安全かつ効率的に、ドライバーを介さずに物流エリアや組み立て作業場を自律的に移動することを目指した
課題を解決するスタートアップ	●Seoul Robotics｜LiDARセンサーの認識技術に強み ●Embotech｜センサーデータを活用したモーションプランニングに強み
ソリューション	●倉庫内などに設置したLiDARセンサーが検知した障害物や他車両、歩行者などの情報を基に、リアルタイムに安全な走行ルートを計算し、車体に移動指令を送信し無人で効率的な搬送を実現
ベンチャークライアントモデルの実行プロセスと、ベンチャークライアントユニットの役割	●事業部の戦略的課題に基づきBMW Startup Garageがスタートアップのスクリーニングを支援 -Seoul Robotics：スタートアップイベントSlushでブース訪問 -Embotech：課題に基づくスカウティングで特定 ●ベンチャークライアントユニットであるBMW Startup Garageがスタートアップ両社の調整役となり、スタートアップ両社の協働を推進。さらに購買プロセスの短縮化、知的財産を保全する仕組みにより、スタートアップの懸念を払拭 ●2022年ドイツのディンゴルフィング工場で運用開始。

出所：Pilot project: Cars manoeuvre in production without drivers（bmwgroup.com、2024年1月19日）を基に筆者作成

LiDAR を載せず自律走行を達成する方法を考案していた。工場内の車を遠隔操作するために、車両でなく走行路に沿って LiDAR センサーを設置し、モーションコントロールを行う方法を検討した。一方で、必要とされる技術を提供できるような既存のサプライヤーはなく、スタートアップに技術を求めることになる。

このようにして探し出されたのが、LiDAR センサーの認識技術に強みを持つ韓国 Seoul Robotics（ソウルロボティクス）と、前述のセンサーデータを活用したモーションプランニングに強みを持つスイス Embotech（エンボテック）である（**図 4-2**）。ソリューションは両者の主要技術に依存している。1 つは、車両の位置を特定すると同時に、工場環境の障害物を検出するセンサーインフラであり、もう 1 つは携帯無線を通じてドライバーレス車両に制御コマンドを送信するモーションプランナーである。Seoul Robotics の LiDAR 認識ソフトウェアがセンサーを使用して、物体の分類と車両の位置決めを含む工場内環境のデジタルツインを作成し、Embotech の走行計画ソフトウェアが、ルートをリアルタイムで計算し、ドライバーレス車両の操縦、ブレーキ、加速、駐車の関連コマンドを送信する。

両者の技術はニュー BMW 7 シリーズの生産に向けたドイツのディンゴルフィング車両工場で試験的に導入されている。組み立て地点および初期テストエリア、工場内の仕上げエリアまで 170m（メートル）のルートに加え、仕上げエリアから配車のエリアの移動にも使用される[5]。このようにして、大企業とスタートアップ 2 社が協力し、自動運転を車両へのセンサーの設置なしに実現するというパイロットは順調に進行している。

[5] https://www.press.bmwgroup.com/global/article/detail/T0401861EN/electrifying-luxury:-production-launch-of-the-new-bmw-7-series-in-dingolfing?language=en

車内ゲームを超短期間で実現

完全自動運転での走行時や EV 充電時の待ち時間を楽しく有効に過ごすという観点から、以前は家庭で遊ぶものとされていたゲームを車内で楽しみたいというニーズが顕在化してきた。米 Tesla（テスラ）がゲーム基盤サービスの Steam との連携を発表し、車内ゲームを楽しめる環境を提供して以降、ニーズはますます強まるばかりであった。BMW も新車にカジュアルゲームを導入し、車内エンターテインメント体験の強化を実現したいと考えていたが、BMW はかねてより車内ゲームへの対応に課題を抱えていた。いかに多くの人に楽しんでもらえるゲームを、コントローラーのない環境で実現するか。そして、そのゲームを自社の BMW の湾曲型ディスプレーと車載エンターテインメントシステムに完全に統合する点が課題となっていた。Tesla も Steam との車内ゲームローンチに際して統合に苦戦し、度重なるリリースの延期を行った背景がある。

BMW はこの課題に対して、ベンチャークライアントユニットである BMW Startup Garage を活用して、スイスのチューリッヒを拠点とするスタートアップの N-Dream（N ドリーム）にたどり着く。N-Dream は、スマートフォンさえあればテレビやラップトップなどマルチスクリーンで参加型のゲームを楽しむことができる 180 以上のゲームカタログを提供する企業であった。ゲームストリーミングに必要な超高速インターネット接続を必要とせず、デバイス自体でローカルに実行できるように最適化されている。N-Dream はもともとテレビや PC など家庭内の環境を想定していたため、車の中での提供は想定していなかった。

両者のコラボレーションでは、スマートフォンを使った車内環境でのゲームコントロールとゲームのセットアップが、シームレスでユーザー体験を損なわない形で行えることが重要なポイントとなる。ベンチャー

クライアントユニットは、まず車内ゲームの研究開発を行っていた R&D
部門と連携し、迅速な購買に基づく検証をサポートした。すでに社内で
の受け入れ準備環境が整っていたため、R&D 部門での PoC（概念実証）
はスムーズに終わり、2022 年の初頭に R&D 部門から事業部への引き渡
しが行われた[6]。それまでに十分な検証が行われており、事業部が採用
可否を判断できる十分な情報がそろっていた。その後、事業部は実証さ
れたコンセプトに基づき開発へと移行し、セットアップが車両内の QR
コードをスキャンするだけで完了し、すぐにスマートフォンをコントロー
ラーにして遊べるシステムを開発した。2022 年 11 月には提携を発表
し[7]、2023 年から販売しているニュー BMW 5 でシステムを楽しむこと
ができる。

出所：N-Dream

[6]　https://www.bmwstartupgarage.com/success-stories/ [Airconsole In-car-gaming]
[7]　https://www.press.bmwgroup.com/usa/article/detail/T0404622EN_US/bmw-group-
partners-with-airconsole-to-bring-casual-gaming-into-vehicles-in-2023

4-7 ベンチャークライアントユニットの貢献

　このようにベンチャークライアントモデルが有効に機能する裏では、推進主体であるベンチャークライアントユニットが活躍をしている。ベンチャークライアントユニットは同モデルを推進するための組織体であり、社内では課題を抱える事業部門や R&D 部門を顧客とし、社外では課題を解決するスタートアップを顧客とし、両者の必要な調整をしながら同モデルが円滑に運用されるためのサポートを行う。

　BMW の事例では、ベンチャークライアントユニットが、どのように有効に機能したのであろうか。まず、認識された戦略的課題に基づき、解決する技術を持つスタートアップのスカウティングを継続的に行っていた。Seoul Robotics はフィンランドで開催されている欧州最大のスタートアップイベント「Slush」でのブース訪問がきっかけとなっており、Embotech は課題に基づくスカウティングで特定を行っている。社内のクライアント部署である生産部門は「（ベンチャークライアントユニットである）BMW Startup Garage が、市場全体をスクリーニングするのを助けてくれた[8]」と感謝する。エコシステム型のアプローチとスカウティング型のアプローチの双方が有効に機能をしているのである。このプロジェクトは、1 つの課題に対して大企業がファシリテーションを行い、2 つのスタートアップが協力しながらプロジェクトが進行したという点で非常にユニークである。通常、スタートアップは自社の技術の可能な範囲で、単一の課題解決に向けたソリューションを開発する。課題について共通の理解を深めながら、お互いがどの部分を担当すれば新しいソリューショ

[8]　https://www.bmwstartupgarage.com/success-stories/ [Seoul Robotics & Embotech Automated Driving in the plant]

ンが開発できるかの検討がスムーズになされた点で、調整役として機能した BMW Startup Garage の存在は欠かせないものであった。

　また、購買プロセスの促進におけるベンチャークライアントユニットの役割はどのようなものであったのであろうか。Seoul Robotics は BMW Startup Garage について「BMW のような大企業と仕事をすることがどういうことなのかを理解するのに本当に役立ち、非常に短い時間で購買にたどり着くのを助けてくれた[9]」と、課題の理解および購買プロセス推進に関してベンチャークライアントユニットが大きな役割を果たしたとしている。また、Embotech の CTO 兼共同創業者の Alexander Domahidi（アレクサンダー・ドマヒディ）氏は前述のように、知的財産を保全することを確約している BMW Startup Garage の購買の仕組みや、インターフェースになったベンチャークライアントユニットへの信頼を口にしている。

　これらの活動を繰り返すことにより、BMW がスタートアップから購買した件数はコンスタントに 30 件を超え、正式にサプライヤーとなった社数は 20 社を超える。JETRO イノベーション部次長（スタートアップ担当）の樽谷範哉氏は、JETRO の支援で日本のスタートアップ HACARUS が採用された例を振り返り、「企業の狙いも明確であり、量産や本格採用を前提としている。また、取引実績の公表に前向きである。スタートアップ側からすると非常に魅力的な仕組みである」と語る。スタートアップの課題に寄り添うプロセスを用意すること、プロセスの運用を円滑にするチームを持ちスタートアップフレンドリーな運営をすること、プロセスを改善し続けることによって、スタートアップから選ばれるベンチャークライアントとなることができるのである。

---

[9]　https://www.bmwstartupgarage.com/success-stories/ [Seoul Robotics & Embotech Automated Driving in the plant]

特別インタビュー
BMW Startup Garage 成功の秘訣

Bernhard Schambeck（ベルンハルト・シャンベック）氏
Head of BMW Group Technology Office Japan

Head of BMW Group Technology Office Japan の Bernhard Schambeck 氏
出所：BMW

木村　Bernhard さんは以前、ドイツ BMW のベンチャークライアントユ
ニットである BMW Startup Garage（BMW スタートアップガレージ）
の代表をされていましたね。現在はどのように BMW Startup Garage
に関わっているのですか？

Bernhard　今は BMW Technology Office Japan の責任者です。私の主
な役割は、日本の大手企業、サプライヤー、大学、スタートアップから
革新的な技術をスカウトすることです。有望な技術を積極的に探し、そ
の有効性と影響力を評価します。有望なスタートアップを見つけたら、

117

BMW Startup Garage がどのように関わることができるかを含め、彼らとのコラボレーション方法を検討します。

木村　現在、日本から BMW Startup Garage をサポートしているのですね。

Bernhard　はい、言葉の壁や文化の違いがあるため、現地でのサポートが不可欠です。現地で最初のサポートとコラボレーションを行った後、主な支援活動は、私たちのビジネスユニットの多くが拠点を置くミュンヘンに移行します。このアプローチによって、スタートアップはベンチャークライアントである事業部と直接仕事をすることができます。

起点となったスタートアップの無限の可能性
木村　BMW Startup Garage について、もっと詳しくお聞きしたいと思います。Bernhard さんはどのような経緯で BMW Startup Garage に参加されたのですか？

Bernhard　私は BMW に 28 年間勤めています。日本の伝統的な価値観である「会社への深い忠誠心」と同じような考え方をしているといえるかもしれません。イノベーションに興味があったことが、BMW Startup Garage につながりました。特に、シリコンバレーで過ごした 4 年間は私に大きな影響を与えました。

木村　どのようなきっかけでシリコンバレーにいらっしゃったんでしょうか。

Bernhard　個人的な興味が大きいですね。シリコンバレーには BMW の大規模なテクノロジーオフィスがあります。そこでぜひ挑戦したいと思い、シリコンバレーに行ったのがきっかけです。私の役割は主に技術

開発で、様々な先進的なプロジェクトに携わっていました。米 IDEO（ア
イディオ）のような非常に革新的な企業や、米 Apple（アップル）や米
Google（グーグル）のような大手ハイテク企業、そして数多くの新興企
業と幅広くコラボレーションを行いしました。また、iPhone が発売され
る前に Apple と提携もしました。実は 2002 年に iPod を初めて自動車
に組み込んだのは BMW だったんですよ。

　当時、Google はまだ小さな会社で、Larry Page（ラリー・ペイジ）氏
をオフィスに招き、コラボレーションの可能性についてブレーンストーミ
ングをしたこともありました。そんな縁もあって、車から直接 Google 検
索を可能にすることにも挑戦しました。当時の不安定なインターネット接
続とデバイスの状況を考えると、とても挑戦的なプロジェクトでした。

　シリコンバレーでの経験は、BMW Startup Garage に参画する前にス
タートアップとの協業に対する私の理解を形成する上で大きな助けとな
りました。例えば、2001 年当時、Google は従業員が 100 人前後の会社
で小さく見えましたが、その成長と革新の可能性は計り知れないもので
した。会社の規模に関係なく、将来の可能性は無限大であることを身を
もって学びました。これが BMW Startup Garage で、スタートアップ
の潜在能力を評価し、育成することにつながっています。

BMW Startup Garage を拡張せよ

木村　Bernhard さんは Gregor さんの後任として、2018 年〜 2022 年ま
で BMW Startup Garage の代表をされていましたが、その時のお話を
お聞かせください。

Bernhard　2018 年に私が引き継いだとき、BMW ではすでに Gregor
によってベンチャークライアントモデルの基礎が築かれていました。こ

の基礎を生かして、さらに拡張性を持たせることに挑戦しました。

Gregor　私たちが開発したプロセスと方法は、時間をかけて実証されていきました。2015年当時は、発見、評価、購入、試験、実行のフレームワークなど、現在のようなプロセスは何もありませんでした。最初の2年間は実験と調整でした。私たちはプロセスを構築し、改良し、それをBernhardに引き継ぎました。Bernhardがそれを拡張性のある形に進化させてくれました。

木村　拡張性を持たせるためのポイントはどのようなところにあるのでしょうか。

Bernhard　社内認知の獲得、スタートアップの巻き込み、拡張性のあるプロセスの設計が重要でした。このためには、成功率を高めることが重要で、協力してくれるスタートアップの数を増やし、スタートアップ特有のニーズを理解する専任の担当者を配置し、迅速な購買を可能にするプロセスを整備するなど様々な改革を行いました。

木村　具体的にはどのような工夫をしたのですか？

Bernhard　協力してくれるスタートアップの数を増やすためには、国際的な展開が必要でした。私たちの目標は、ミュンヘンやその周辺だけでなく、世界中の優れた新興企業を見つけることでした。真の効率性は市場に存在し、ローカルなネットワークを構築することから生まれるため、これは極めて重要です。そのため、BMW Startup Garageと世界中にあるテクノロジーの研究・発掘を行う既存のテクノロジーオフィスが連携できるようにしました。

　また、ドイツ 27pilots（27 パイロット）との協業も重要でした。社内のリソースだけでは難しい、スタートアップのスカウトや協業のサポートに力を貸してくれました。試験的なプロジェクトから始め、国際的なプロジェクトも一緒に手掛けました。この 2 つの側面が非常に重要で、サクセスストーリーを生み出すことができました。戦略的イニシアチブの恩恵を享受し、努力の成果が見え始めるのは時間の問題でした。

木村　拡張性をもった取り組みを確立できたのですね。成功確率を上げるという観点からの工夫を教えて下さい。

Bernhard　スタートアップの選定においてより厳格な基準を設定し、ソリューションの影響力に深く焦点を当てることで質を高めることを目指しました。特にソリューションが完璧でなければならない生産のような分野で、当社の高品質基準を満たすイノベーションを統合するのには苦労しました。生産施設内でドライバーのいない車両の自律走行を可能にしたときのことは、今でも鮮明に覚えています。

木村　韓国 Seoul Robotics（ソウルロボティクス）とスイス Embotech（エンボテック）を活用した事例ですね！非常にユニークなアイデアで私も驚きました。

Bernhard　取り組みの結果として、成功確率が向上し、在任中に、かなりの数のスタートアップを本格採用（Adopt）することができました。結果が出たので、社内の受け入れ態勢が大幅に改善され、BMW 社内の文化的転換にもつながりました。より多くの事業部が新興企業と従来のサプライヤーとの違いを理解し、ベンチャークライアントモデルに参加してくれるようになりました。

木村：スケールアップに成功したようですね。最近成功したプロジェクトについて詳しく教えてください。

Bernhard　もちろんです。スイスのスタートアップ企業 N-Dream（Nドリーム）と共同で開発した車内ゲーム用ソリューションを記録的な速さで展開しました。2023 年 7 月以来、BMW のドライバーと同乗者は、休憩時間にスマートフォンをコントローラーとして使い、車内のカーブ・ディスプレーでコンピューターゲームを楽しむことができるようになりました。この機能は、ニュー BMW 5 シリーズに初搭載され、他のモデルにも順次提供される予定です。この革新的なコラボレーションは、ベンチャークライアントモデルの成功を証明しています！

木村　すごいですね！素晴らしい結果ですね！BMW は今、年間何社のスタートアップを採用しているのですか？また、BMW Startup Garage の設立以来、何社が市販車の本格的なサプライヤーになったのでしょうか？

Bernhard　平均して 300 ～ 400 のスタートアップを評価し、パイロットプロジェクトで 30 のスタートアップと協力し、フォローアッププロジェクト契約では約 50 ％を採用しています。現在までに、21 社がBMW の正式なシリーズ・サプライヤーとして長期契約を結んでいます。

木村：本当に広がりのあるシステムを構築されているのですね。

ベンチャークライアントモデル成功の秘訣
木村　ここからは Gregor も含めて BMW Startup Garage のようにベンチャークライアントモデルを成功させる秘訣についてディスカッションしていきましょう。成功のための重要なポイントを教えて下さい。

Bernhard　まずはしっかりとしたベンチャークライアントモデルの戦略を持つことが重要です。私たちは、当社の全社的な戦略とアラインメントを大切にしています。BMW の場合の重点領域として、製品イノベーション、電動化、デジタル化、自動運転、サステナビリティーなどです。特に、人工知能（AI）については、自動運転、インテリジェントなアシスタンス、生産とロジスティクスなど幅広い分野での活用を想定しています。

木村　全社戦略と連動した領域設定が大切なんですね。課題に対しての取り組みはどうでしょうか。

Gregor　課題への取り組みについては、課題を開示する粒度が重要になります。Web サイトで大まかなトピックを公表するのは良いですが、あまりに具体的に課題を詳述するのは難しいですね。多くの企業が重点分野研究や新興企業とのパイロット事業の多くを非公開にしています。非戦略的で守秘義務違反になりかねませんので。なので詳細な課題は非公開にしながら、厳選されたスタートアップを見つけることに集中すべきですね。スタートアップを見つけることは、トップエグゼクティブを探すことと同じです。スタートアップがイノベーションの頂点にあることを認識し、データベースからの網羅的なリストと専門的なネットワークを通じてターゲットを絞ってスカウティングを行っていくことが重要になります。

木村　ベンチャークライアントモデルは、日本の企業にも有効でしょうか？

Bernhard　ベンチャークライアントモデルは日本のスタートアップにとってとても有効に機能しています。日本のスタートアップの強みは、

充実した品質にあります。日本では、スタートアップは自分たちのやっていることをしっかりと理解して、高い品質を維持しています。信頼を築き、一時的な利益を追求するのではなく長期的で持続可能な戦略に重点を置いているという点で、BMW と似ていると感じます。私たちの業界は信頼関係や長期的なパートナーシップに大きく依存しているため、この点は BMW のアプローチと非常に親和性が高いです。

木村　特にどのようなスタートアップに注目していますか。

Bernhard　UI ／ UX、ロボット工学、AI ／ LLM（大規模言語モデル）、バッテリー技術、ディスプレイや材料科学技術に特化した新興企業に特に関心を持っています。現在、私たちは、ユニークで革新的な技術を持つバッテリー技術に特化したスタートアップと協業しています。私たちは、より多くの日本のスタートアップとの機会を継続的に求めています。

木村　日本の大企業側がベンチャークライアントモデルを受け入れる可能性についてはいかがでしょうか。

Gregor　上手に受け入れることも大切ですね。今、ベンチャークライアントモデルは主流になりつつあります。モデル導入を日本流に統合し成功する大きなチャンスがあります。特に、エンジニアリング、テクノロジー、ディテールを重視する文化は、受け入れに際してプロセスの構築を行う際にも強みになります。

Bernhard　日本企業はプロダクトの品質を重視するので、高い品質のスタートアップを選抜するのに適したベンチャークライアントモデルとは基本的には非常に相性が良いと思います。加えて、日本の企業環境にうまく溶け込めるかが重要になりますね。

ベンチャークライアントモデル成功の秘訣

木村　企業環境のお話が出たのですが、どのような行動様式が成功につながるのでしょうか。

Gregor　ベンチャークライアントモデルのアプローチは、ベンチャークライアントであるユーザー主導でボトムアップです。とにかく実験的、試験的な考え方をすることが重要です。実験にかかるコストは比較的低く、通常は 10 万ドル以下なので、ユーザーの課題に着目してとにかく挑戦することが重要です。大人数の組織体で一挙手一投足を指示するのではなく、課題の所有者であるユーザーが直接的な経験とデータに基づいて決定を下すことが重要になります。経営陣の役割は、予算を提供し、プロセスを促進し、スタートアップに迅速な道を確保することです。このような環境は、成功するベンチャークライアントモデルを推進する上で極めて重要です。

木村　このようなユーザー主導での行動様式を可能にする組織文化について、さらに深掘りしてお話をうかがえますか。

Bernhard　あるスタートアップの技術の採択に向けた重要な会議で、上長が技術導入の実現可能性に懐疑的だったことを思い出します。一方で、BMW には現場を尊重する文化があります。トップがプロジェクトに疑念を表明しても、それで話し合いが終わるわけではありません。プロジェクトリーダーが納得し、関係するパートナーを信じているのであれば、私たちは現場でチャレンジをすることができます。チャレンジして実際にプロジェクトの可能性を示すことができれば、それが最終的な承認につながるのです。

木村　非常に自由闊達な文化ですね。

Bernhard　BMW で大きかったのはパイオニアであることを大切にする文化です。BMW は常にパイオニアであり、1997 年にシリコンバレーにオフィスを設立した最初の欧州企業です。パイオニアユーザーとして革新的なビジネスモデルやツールを採用する文化もあります。このパイオニア精神が、BMW がこのモデルを採用し、成功させることを可能にしたように思います。

　また、オープンにコミュニケーションをする風土も重要ですね。ミュンヘンの本社に日本の伝統的な企業の役員を招いたことがあるのですが、カフェテリアで社員がコーヒーを飲みながらディスカッションしているのを見た彼らは、そのインフォーマルな交流に感銘を受けたようです。BMW のイノベーションがいかに非公式な交流とアイデアの共有に支えられているかを示す良い事例かもしれません。

木村　BMW のような組織環境や文化を創るのは非常に難しいと感じますが、具体的な組織環境を整えるアドバイスはありますか。

Bernhard　非常に良いポイントですね。ベンチャークライアントモデルを受け入れる際は、それぞれの企業独自の DNA にモデルを適合させることが重要になります。それぞれの企業でフィロソフィーも違えば、置かれている環境も違う、ただ共通していることは企業には成長をしてきた際に大切にしてきた DNA があるということです。それを否定するのではなく、むしろ大切にしたうえで、現場主導、ユーザー主導に少し行動の仕方を変えることが重要だと思います。現場主導、ユーザー主導での行動を促すツールとしてベンチャークライアントモデルを捉えると良いと思います。

CHAPTER

05

第5章

日系企業オープンイノベーションの
キーパーソンに聞く

本章では、日系企業のオープンイノベーションのキーパーソンにインタビューを行う。本章では米 Palantir（パランティア）というシリコンバレーのトップスタートアップの顧客になり日本で合弁事業を展開する SOMPO ホールディングスの楢﨑浩一氏、米 Google（グーグル）や米 Apple（アップル）およびシリコンバレースタートアップと車の領域で協業を行い量産車に技術を採用した経験を持つホンダの杉本直樹氏に話を聞く。両氏ともに自らスタートアップの責任者、シリコンバレーでの 20 年以上イノベーションの経験を持ち、世界のトップスタートアップが競争優位になるとの確信のもと、協業に取り組み大きな成功を収めている。両氏が手掛ける手法はベンチャークライアントモデルと多くの共通点を持つ。両氏にスタートアップと Win-Win の関係を築く秘訣を聞いた。

　次にいち早くベンチャークライアントモデルの導入を決定した FUJI の五十棲丈二社長にインタビューを行う。同氏は自らシリコンバレーのラボを立ち上げた経験を持ち、トップスタートアップの顧客になる手法でイノベーションを推進する。最後に、経営理論で著名な早稲田大学ビジネススクール教授の入山章栄氏と、本書の共著者である Gregor Gimmy（グレゴール・ギミー）を交えた特別対談を行う。本章が日本企業のスタートアップ協業およびベンチャークライアントモデル成功へのヒントを得るきっかけになれば幸いである。

SOMPOホールディングス グループ CDO 楢﨑 浩一氏

SOMPO ホールディングス
は、「" 安心・安全・健康のテー
マパーク "」により、あらゆる
人が自分らしい人生を健康で
豊かに楽しむことのできる社
会を実現する」というパーパ
スを掲げ、保険会社の先を目
指しイノベーティブな取り組
みを推進している。2016 年に
は、シリコンバレーのトップス
タートアップと共創すること
を目指しシリコンバレーにも
ラボを開設した。

SOMPO ホールディングス
グループ CDO の楢﨑 浩一氏
出所：SOMPO ホールディングス

世界のトップスタートアッ
プとの協業活動の中心には、
常に製品・サービスの買い手
（顧客）になる意識があるという。2019 年には、米 Paypal（ペイパル）、
米 OpenAI（オープン AI）の共同創業者である投資家の Peter Thiel（ピー
ター・ティール）氏が 2003 年に設立したデータ分析企業の米 Palantir（パ
ランティア）と合弁で新会社を設立し、大きな成功を収めている。成功
の秘密は、課題を解決するためにパイオニアユーザーになる発想である
という。活動を牽引にしてきた SOMPO ホールディングス　グループ
CDO の楢﨑浩一氏に成功の秘訣をうかがう。（以下、敬称略）

パイオニアユーザーになるイノベーションの仕組み

木村 SOMPO グループのオープンイノベーション組織「SOMPO Digital Lab」を創設した経緯を教えてください。

楢﨑 私が SOMPO グループに CDO（チーフ・デジタル・オフィサー）として入った 2016 年春、デジタル戦略部を設置する際に、シリコンバレー型でやってみようという方針を打ち出しました。まず東京とシリコンバレーに、スタートアップと共創できるラボをつくりました。それが SOMPO Digital Lab です。東京に加えてシリコンバレーにもラボを開設したのは、やはりスタートアップの聖地だから。シリコンバレーにラボを置くと世界のトップスタートアップと付き合えます。

木村 やはり現地にラボを置くと情報やネットワークが変わってきますよね。

楢﨑 そして、木村さんが言うところのベンチャークライアントモデルのような活動も始めていました。世界のトップスタートアップと付き合ううえで、まず製品・サービスのバイヤー（買い手）にならないと、スタートアップは乗ってこない。いち早く顧客になる、つまりパイオニアユーザーになることは常に意識していました。

木村 楢﨑さん自身はシリコンバレーのスタートアップの CEO 経験があり、そのパフォーマンスの高さもよく知っていたかと思いますが、スタートアップとの協業の重要性を社内に認知してもらうのは大変難しかったのでは。

楢﨑 すごく難しかったですね。一般に日本の大企業は、誰とも知れない海外の企業と付き合うことに抵抗があります。3 年前に創業したばか

りの赤字企業と取引する、という時点で既に NG なんですよ。ではどうやってスタートアップとの協業を社内に広げていくのかといえば、事業部の中にスタートアップのファンをつくるんです。私自身がいくらスタートアップにほれ込んでも、事業部の中に味方がいないと、そこから先に話が進みません。それぞれの分野で一家言ある現場のプロ、例えば課長レベルの方に、スタートアップの製品やサービスに徹底的に触れてもらい、これはいけるぞというイメージをつくらせる。これに尽きますね。トロイの木馬作戦のようなもの、といいますか。

木村　事業部の協力をどう得るか、皆さん苦労されていますよね。

楢﨑　現場のキーパーソンは、今の仕事に直結する価値が見えないものには興味を示しません。「俺、いま忙しいんだよ」で終わってしまいます。スタートアップの製品やサービスが、いかに今の仕事に生きてくるか、そのイメージをどれだけ強く持ってもらえるかがカギです。

木村　「イメージを持たせる」というのがまた非常に難しそうですね。

楢﨑　やはりラピッドプロトタイピング（高速試作）は重要ですね。あまり堅く構えて本格的なものをつくらなくても、現場でイメージを共有できるものを試作すればいいんです。

　こうしたプロトタイピングを含む PoC（概念実証）の予算は、事業部でなく SOMPO Digital Lab の各拠点が持っていました。事業部のオピニオンリーダーに、「カネと汗はこちらが出すから、付き合って」と言って協力をお願いしています。検証を経て、本当にプロダクションレベルでいけるとなれば、そこから先は事業部に予算を持ってもらいます。

木村 事業部になるべく負担をかけない仕組みが重要なんですね。

楢﨑 結果、2016年度から2022年度末までの累計で372件のPoCを実施し、実際に商業化したものが68件。ですからヒット率は18.28％です。もともと数千件の案件から厳選してPoCを実施していることもあり、ヒット率は高めだと思います。

　スタートアップとのオープンイノベーションを実践するうえで、自由度の高い潤沢な予算を付ける、という点はものすごく大事です。事業部に移管した後も、高すぎる収益化のハードルを設けず、少し条件を緩めてあげる必要があります。ある程度ハンドルに遊びを設ける、というのが肝ですね。

知的財産と経済効果をどう考えるか

木村 　スタートアップの製品やサービスを使ってPoCを実施する際、その過程で生じる知的財産はどのように扱いますか。

楢﨑 　すごくいいポイントですね。まっとうなスタートアップであれば、大企業から「知財を俺たちによこせ」と要求された瞬間に、PoCから撤退するでしょう。逆に撤退しないスタートアップがいたとすれば、私は「身売りが狙いかな」と逆に警戒するでしょうね。

　ですから基本的には、スタートアップの製品やサービスを我々がパイオニアユーザーとして試用するという意味では、我々は知財を要求しません。ただPoCの過程で、我々がいろいろ創意工夫をして製品や技術をカスタマイズする場合があり、その際はカスタマイズした部分の使用権を求める場合はありますが、それはあくまで例外です。あくまでもコアの知財はスタートアップのものです。

木村　仰るとおりですね。この点は特に製造業の担当者と激論になることがありまして…特に日本の製造業は知財を囲い込みたがる傾向があるといわれています。

楢﨑　過去の事例なので紹介しますが、私はかつて米シリコンバレーでネットワークのミドルウエアを開発するスタートアップ A 社を経営していました。携帯電話の基地局開発の欧州の超大手ネットワークシステムベンダー B 社とライセンス契約をした際、我々のネットワーク OS プロダクトを彼らの基地局向けにカスタマイズしました。このカスタマイズについて、もし B 社が自社の権利を主張すると、カスタマイズしたソフトは元のソースコードからフォーク（分岐）してしまう。

　日本企業の顧客は「このカスタマイズ部は我々のものだ」と主張しがちなのですが、彼らは違いました。「まずはパイオニアユーザーとして B 社が優先して 6 カ月使った後は、カスタマイズ部をメインのソースコードに反映させ、他の企業に使ってもらっても構わない」というんですね。彼らはファースト・ムーバー・アドバンテージとして他社に先行して新製品を発売でき、その後はカスタマイズ部を他社と共有することでバグなどを早期に発見できる。私は木村さんからベンチャークライアントモデルの話を聞いて、真っ先にこの A 社と B 社の事例を思い浮かべました。

木村　まさにいち早く顧客になる考え方ですね！

楢﨑　知的財産の話やファースト・ムーバー・アドバンテージの発想というのは、やはり日本企業が見習うべきだと私は思います。

木村　先ほど PoC を 372 件時実施したと聞きましたが、いずれも初期段階で、期待される経済効果を算定しているのでしょうか。

楢﨑 はい、しています。ただ 372 件のほとんど全部が管理会計で経済効果を算出しています。オペレーション改善において対象部署の人員削減を前提にするわけにはいかないので。

木村 なるほど、理論値ということですね。

楢﨑 ただ、もろに財務会計上の効果があった事例もあり、それが Palantir のデータ解析基盤「Foundry」の事例です。実際に中堅・中小企業向け損害保険の引き受けプロセスに適用することで、年間 100 億円近い利益の創出に貢献しました。これまでリスクプロファイルが同じ会社同士では、同じ保険料をいただいていたのですが、保険金支払い履歴などのデータを Foundry 上で解析して将来のリスクを見える化し、高リスクの顧客には高い料率を、低リスクの顧客には低い料率を適用することで、利益率を改善できました。Foundry の導入にはそれなりのお金がかかりましたが、はるかに大きい効果を出せました。

Palantir との協業成功の秘訣

木村 SOMPO グループは日本で Palantir の顧客であるとともに、Palantir に出資して日本で合弁会社を設立しています。なぜ Palantir の顧客になったのか、その後になぜ出資や合弁会社の設立に至ったのか、教えてください。

楢﨑 最初に Palantir を訪問したのは 2017 年か 2018 年くらい、まずは合弁など関係なく、Palantir の顧客になるためでした。SOMPO グループの CDO として、グループ内でぐちゃぐちゃに断片化しているデータをきれいにして統合したく、そのためのツールを求めていました。

業務に関わるデータが断片化する理由は簡単で、データは特定の業務

プロセス、業務システムにひもづいて発生するからです。すべてのデータはローカルにたまっていくだけで、フォーマットも形もバラバラ。ある保険のデータを他の保険に使うことはできない。これは大変もったいない。CDOとしてこの問題を解決すべくスタートアップを探索するなかで紹介を受けたのが、Palantirだったんです。

木村　なるほど。まさに最初に課題起点で顧客になろうとしたのですね。

楢﨑　はい、最初は顧客になるために訪問しました。すると話を進めるうちに、Palantir側から合弁を打診されました。Palantirも日本への進出をトライしているが、全然入れない。日本と米国の事情を知っている誰かと組んだ方がいい、と。「いや、俺らは保険会社だけど」「関係ないよ。組もうぜ」みたいな流れになったわけです。

　合弁会社をつくったのは、あくまでPalantirが日本市場に展開するための手段です。当初、我々はFoundryのパイオニアユーザーになろうと考えていました。木村さんのいうベンチャークライアントモデルの発想ですね。これまで自動車保険、火災保険、医療保険、介護とバラバラに管理していた顧客の情報をFoundryで統合すれば、様々な提案ができる。さらに、これまで経験がものをいう世界だった介護の世界を、データドリブンで改善できないか、という狙いもありました。実際、Foundryのパイオニアユーザーとなって様々な課題の解決を実現できました。社内の課題解決の経験を基にこれを外販しようという話になり、2023年4月から介護業界の課題の解決につながるリアルデータ活用サービス「egaku」事業を始めました。

木村　素晴らしいですね。実際にパイオニアユーザーになることで、新

しい外販製品が開発されたのですね。その他にも合弁事業との相乗効果もあったのでしょうか。

楢﨑 パイオニアユーザーとして Foundry を使うことで、現場でのデータにまつわる課題を改めて深く理解できました。日本の企業が情報システムやデータについて抱えている課題は、どの企業もそれほど違わないですから。

木村 パイオニアユーザーになることで課題への理解が深まったのですね。

楢﨑 はい、最近では Foundry を通じた災害支援も手掛けています。2024 年 1 月に発生した能登半島地震では、バラバラに管理されていた被災者と避難所の情報をマッシュアップするために Foundry を活用し、一元的に把握できるようにしました。

木村 社会的にも意義のある素晴らしい事例ですね。

課題を起点にパイオニアユーザーになろう

木村 最後に、スタートアップとの協業を成功させる秘訣について教えてください。

楢﨑 やらないほうが良いことから行くと、安易に自社からスタートアップに投資を持ちかけないこと。私は基本的には顧客になったスタートアップには投資をしない方がいいのではと思っています。例えば前述の大手システムベンダー B 社はスタートアップ A 社に出資していません。「我々はパイオニアユーザーとしての権利をもらうけれど、後はあなたの好きにしていいよ」という関係の方がお互いフェアで、自由度も

高いですよね。結果として SOMPO グループは相手の要望に沿う形で Palantir や AI スタートアップの ABEJA に出資しました。スタートアップから深い協業のための出資を求められるケースでも本当に出資の効果が得られるか慎重に検討することをオススメします。

木村　出資は慎重にですね！

楢﨑　成功に向けた最大のポイントは、自社が抱える課題が何なのかをはっきりさせ、パイオニアユーザーになることです。スタートアップと何となくふわっと付き合うのはダメで、やはり自社が抱えるペイン（痛み）、課題を明確にしたうえで、それを解決するスタートアップを探すという発想がすごく大事です。約 400 件の PoC や Palantir との提携も自社の課題を起点にしています。課題を起点にして、パイオニアユーザーとなり、大きな成果を目指すことが協業においては重要だと考えます。

Honda Innovations CEO 杉本 直樹氏

ホンダはシリコンバレーのトップスタートアップとの協業活動をいち早く開始したことで知られる。中心にあるのは「The Power of Dreams」、将来を見据えて「何かすごいことをやる」という想いからくるスタートアップとの協業活動である。協業においては知的財産権を独占する考え方はなく、スタートアップといち早く協業し競争優位を獲得することを重視している。ホンダは米 Apple（アップル）

Honda Innovations CEO の杉本直樹氏
出所：ホンダ

や米 Google（グーグル）と協業し、「Apple CarPlay」と「Android Auto」を世界で最初に量産車に載せることにも成功。これまで協業をすすめていた米 Drivemode（ドライブモード）を買収し、同社の技術を30万台を超える二輪車に提供している。ホンダはどのような考えで活動を発展させてきたのか、活動を牽引（けんいん）してきた Honda Innovations CEO の杉本直樹氏に成功の秘訣をうかがう。（以下、敬称略）

ホンダが手掛けるスタートアップと Win-Win になる仕組み

木村 杉本さんはこれまでホンダの中でコーポレートベンチャーキャピタル（CVC）やアクセラレーターを手掛け、スタートアップと Win-Win

で協業する形を追求してきたかと思いますが、そのあたりの経緯を教えていただけますか。

杉本　最初は2003年、本田技術研究所の北米子会社として、基礎研究を行う Honda Research Institute USA を米シリコンバレーにつくりました。当初はスタンフォード大学やカリフォルニア大学バークレー校といった現地の大学と共同研究をしようと思っていたんですが、実際にシリコンバレーにいってみたらスタートアップがいっぱいあり、「これは面白いぞ」となりまして。

そこでスタートアップコミュニティーにアクセスする手段として、まず2005年にコーポレートベンチャーキャピタル（CVC）をつくりました。当時は、CVC を名刺代わりにしてスタートアップコミュニティーに入っていくのが、米国で一般的だったんです。

CVC では実際に出資も手掛けましたが、どちらかといえば、面白い技術を持つスタートアップを日本の研究所に紹介して、共同開発をすることを中心にやっていました。出資は十数件ほどでしたが、共同研究や共同開発は数百件ほどやりましたね。

ベンチャークライアントモデルに近い取り組みといえるかもしれませんが、スタートアップの顧客になる同モデルとは異なり、我々はスタートアップをイコールパートナーとして技術を共同開発していました。製品を購入して「味見」するのも大事なんですが、やはりホンダのエンジニアは「この技術はすごい！」だけでなく「この技術に俺のアイデアをくっつけると、1＋1が3になりそうだ」といった野望を抱くわけですよ（笑）。

　2011 年には、出資ではなく共同開発などの協業を主軸とした組織に CVC のチームを改編し、チームの名称も HSVL（Honda Silicon Valley Lab）に改称しました。出資をやめたわけではないですが、出資なしでもスタートアップと一緒に協業できるなら、その方がいいじゃないかと。所属も基礎研究部門から量産開発部門に移り、スタートアップとの協業を推進するアクセラレータープログラム「Honda Xcelerator（ホンダ エクセラレーター）」を立ち上げました。

　こうした組織再編に当たり、付き合いのあるベンチャーキャピタル（VC）の方々に相談したところ、皆さん「出資なしの協業でも、それはもう大歓迎ですよ」と言ってくれました。これまで CVC を名乗っていたから「出資が主目的なのかな」と思って付き合ってきたが、共同開発の成果物を独占したりしないフェアなパートナーシップであればウェルカムだ、というのです。VC からみれば、出資先のスタートアップがホンダと協業した結果として技術が進化すれば、企業価値も上がる。むしろ増資で株式が希薄化するよりは、協業の方がいい、というわけです。そこでは、出資ではない形で、ホンダがお金や知見、社内エンジニアなどのリソースを提供します。スタートアップと一緒に「ワオ（Wow）」を届けるモノをつくっていく共同開発モデルを志向しました。大企業はスタートアップにはないリソース、例えば、商品化に必要な性能目標や、量産や品質管理のノウハウを持っています。量産化、商品化に当たってこうした点を考えて準備をした方がいいよ、といったアドバイスは、スタートアップにとってものすごく価値があるんです。

木村　スタートアップにとって、こうしたサポートは非常に魅力的ですよね。

杉本　加えて、我々はスタートアップに対して NRE（Non-recurring

140

engineering）コストとして費用を支払っていたので、アーリーステージのスタートアップは売り上げを立てられます。売り上げが立てば、スタートアップは次の資金調達がしやすくなります。

木村　至れり尽くせりですね！

杉本　我々としても実際の試作プロダクトが目に見える形になることで、役員など社内の関係者に「ワオ（Wow）」を目で見て手で触って感じてもらえるようになります。これが量産につながっていくんですよね。

木村　まさにスタートアップと Win-Win になる仕組みですね！

知的財産は独占せず共用で

木村　共同開発の結果として生まれた知的財産は、どのような形でスタートアップと分配、活用していたのでしょうか。

杉本　共同開発した知的財産などの成果物は基本的にシェアします。独占的に使う契約を結んだりはしません。極端な話、できあがったものをライバルの自動車メーカーに売ってもらっても OK です。もちろん、共同開発以前から持っている知的財産を製品に使った場合は、互いにライセンスする形になりますが。

木村　共同開発はするが、スタートアップの拡張性は妨げないということですね。ライバルにも売る、という発想に社内から反発はなかったのでしょうか。

杉本　会社の法務部門や購買部門からは「それはおかしいんじゃないか」という意見もありましたね。お金を出しているのはこちらなのに、なぜ

自社のものにならないのかと。

木村 普通はそう考えますよね。

杉本 まあ理屈はその通りなんですが、僕らがやろうとしていたのはそうじゃない。仮にスタートアップに対して我々が「ホンダだけが独占的に使える技術を作ろう」と提案しても、まっとうなスタートアップは拒否しますよ。そもそもスタートアップの株主が「急成長の芽が摘まれる」と怒りますよね。

　ではホンダとしてお金やエンジニアなどのリソースを提供するメリットは何かといえば、2つあります。1つは共同開発を手掛けることで得られる知見。もう1つは実用化までのタイムアドバンテージです。他社がスタートアップの技術を評価しているうちに、うちはもう量産車に載せている。

　スタートアップではなく大手との協業ですが、一番いい例が、車内機器を通じて通話や音楽といったスマートフォンの機能が使える「Apple CarPlay」と「Android Auto」です。これらはホンダ独占ではないですが、HSVL が提案して Apple、Google と一緒に作りました。発表は他のメーカーと一緒でしたが、最初に量産車に載せたのはホンダです。2015 年に発売した 2016 年型モデルのアコードに搭載し、お客様にいち早く良い機能を提供することができました。

木村 それはすごいですね。ベンチャークライアントモデルも、独占ではなくタイムアドバンテージで利益を享受するモデルで、基本的な発想は同じです。

杉本　もちろん、独占という手法を否定しているわけではありません。多額のライセンス料を支払うなどの条件で合意できれば、独占権を得ることもあり得ます。ただ、Honda Xcelerator プログラムの発想は「うまくいくかどうかは分からないけど、試しに一緒にやってみよう」というものなので、その段階で「他社に持っていくな」といった話はしません。

木村　お互いフェアであることが大切なんですね！

スタートアップの技術を量産車に

木村　2017 年には、本田技術研究所の米国法人として Honda R&D Innovations を設立しましたね。

杉本　はい、HSVL のチームを法人にしようということになり、米現地法人として Honda R&D innovations を設立し、私が社長になりました。さらに 2020 年には本田技術研究所ではなく、本社である本田技研工業の直下において、名前も Honda Innovations に変えました。

　きっかけの 1 つが、その前の 2019 年に米スタートアップの Drivemode を買収したことです。ホンダとして初のスタートアップ買収案件でした。Drivemode とはもともと技術協業の話を進めていましたが、このチームごとホンダに入ってもらって、ホンダのコネクテッド戦略を一緒にやってもらおうよとなりました。買収は研究ではなく経営戦略そのものなので、経営企画の下に置いた方がいい、という話になったんです。そこで、改めて組織に出資や M&A（合併・買収）の機能をもたせました。

木村　Drivemode は当初、出資ではなく協業の形から入ったんですよね。その経緯を教えていただけますか。

杉本 もともと Drivemode は、Android Auto や Apple CarPlay のような機能を、クルマと連携するのではなくスマホ単体で実行するプロダクトをつくっていました。スマホを車内機器と連携させるのではなく、手持ちのスマホをそのまま車体にガチャッと固定するアプローチですね。

Drivemode と協業するなかで、Android Auto や Apple CarPlay が標準になりつつある四輪よりも、カーナビのような車載機器がない二輪車の方にニーズがあるのでは、と考えるようになりました。そこでの協業成果をふまえて、出資の段階を飛び越えて、協業から即買収に至りました。

最終的に、2020 年に実用化したのが「Honda RoadSync」という機能です。二輪車のハンドルにスイッチを設置し、ライダーのスマホと連動

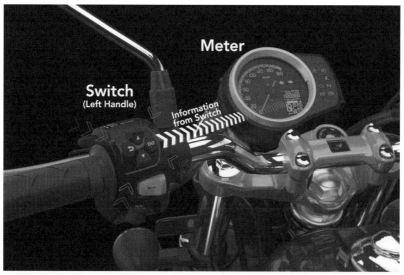

出所：ホンダ

させて、走行中に音楽やナビ、通話といった機能を使えるようにしました。2024年現在、対応する二輪車は累計18モデル、出荷は30万台を超えています。

木村　30万台！すごいですね。

杉本　スタートアップとの協業から量産に至った1つの成功例ですね。実際に協業の段階で、二輪車のハンドルバーのスイッチをHSVLが3Dプリンターで試作してテスト車を作り、Drivemodeがアプリ開発をしていました。Honda Xceleratorの成果です。今後、適用車種はどんどん増えていきます。

夢を実現するイノベーションの仕組み

杉本　2023年春にはHonda Innovationsを日本にもつくりました。ホンダの経営機能の近くで、出資や買収などの経営判断をクイックに実施できるようにするためです。

木村　なるほど、CVCでの出資、Honda Silicon Valley Labでの共同開発、Honda Innovationsでの出資や買収、というオープンイノベーションモデルの変遷がよく分かりました。技術の共同開発と出資をどのように使い分けているのでしょうか。

杉本　アイデアはすごいが技術成熟度がまだ低いアーリーステージのスタートアップの場合、今すぐの共同開発は難しい場合があります。この場合でも、ホンダが少額を出資して関係を保ち、量産化や品質管理など将来に向けたアドバイスをすることはできますよね。そうした良好な関係を早めにつくっておくのは互いにとってメリットがありますから。一方で、モノを一緒につくる段階では共同開発のスキームが有効です。こ

れらはどちらか一方ということではなく、状況に応じてうまく組み合わせています。

木村 足が長い技術は出資、直近で協業できそうなら共同開発というのは、ドイツ Bosch（ボッシュ）やドイツ Siemens（シーメンス）でもみられるパターンになっています。両社は、出資活動を通じて得た情報をベンチャークライアントモデルにフィードバックする連携を行っています。

木村 ホンダのオープンイノベーションモデルの特徴だと思う点があるんです。ベンチャークライアントモデルでは、どちらかといえば経済的な利益を強調するアプローチなんですが、ホンダの場合はエンジニアの皆さんが「これは面白い！」とか「俺たちと組めばもっとすごくなる」といった情緒的な面を強調しているのは興味深いなと感じました。なぜこうした点を重視されているんでしょうか。

杉本 これはたぶんホンダの文化でしょうね。経済的メリットを積み上げて「何パーセント得するからやろう」といった研究開発ももちろん社内ではやっています。我々も100円でも200円でもコストを下げる技術開発を、血の出るような思いでやっているんですよ。

　一方、スタートアップと協業するホンダの社内エンジニアは、どちらかといえば、その先の「何かすごいものを作らなきゃ」という将来に向けた仕事をしている人たちが多いんですね。

木村 なるほど。

杉本 だから、ホンダの中でも両方あるんです。スタートアップのよう

な「未完成だが何かすごそう」というチームとうまくオープンイノベーションに取り組めるのは、どちらかといえば未来を考える役割の部隊ですね。

そういう将来に向けた研究開発活動を大事にしているのがホンダの文化で、HondaJet などもその活動から生まれたものです。ホンダのグローバルブランドスローガンは「The Power of Dreams」なので。ドリームがすべてのドライビングフォースです。

逆に言うと、木村さんの言うベンチャークライアントモデルのアプローチというのは、いかにもドイツらしいと思ったところです。ROI（投資収益率）が上がるからやるべきだ、といった経済的目線の共有ももちろん大切で、オペレーション改善の領域などであればスタートアップと組んだ事例もあります。例えば AI（人工知能）画像認識のスタートアップと組んで車の表面塗装の傷を見つける、といったユースケースもスタートアップ協業から生まれています。

ただ、それだけでは製品を買えば誰でもできる、つまらない、というのがホンダの発想でして。経済的な利益を超えて「何かすごいことをやる」点でスタートアップに期待しています。

木村　なるほど。ホンダのイノベーションモデルは「夢」を実現するためにあるというイメージですかね。

杉本　はい、それが僕らが大事にしている「ワオ（Wow）」ということなんですよ。

FUJI 代表取締役社長 五十棲 丈二氏

電子部品実装ロボットで世界トップクラスのメーカーである FUJI は 2017 年にシリコンバレーにラボを設立。短期間のうちに多くのスタートアップと協業を進める体制を構築し、市場に投入している製品にスタートアップの技術を本格採用してきた実績を持つ。協業の推進にあたっては、タイムアドバンテージを強く意識し、とにかく素早く購買を行い試作品や技術の評価をして、顧客先を含めた本番環境でのテストを行うなどの工夫をしている。FUJI はどのよう

FUJI 代表取締役社長の五十棲丈二氏
出所：FUJI、シリコンバレー駐在当時

にシリコンバレーのトップスタートアップとの協業を推進しているのか、活動を牽引（けんいん）してきた代表取締役社長の五十棲丈二氏に成功の秘訣をうかがう。（以下、敬称略）

世界トップのスタートアップの力を活用するために

木村 五十棲さんとは、2017 年に FUJI がシリコンバレーに FUJI Innovation Lab を設立してスタートアップ協業を始めた際に、お手伝いをさせていただいてからのご縁ですね。当時から現地で数百ものスター

トアップを探索していましたね。

五十棲　私がシリコンバレーに拠点をつくらせていただいた初年度の2017年では、多くの取り組みをシリコンバレーのスタートアップと行いました。FUJIのFA（ファクトリーオートメーション）製品に関連した協業先として探索したのが400件、そのうち事業部の関心が高い案件が100件、詳細検討に入ったのが40件、共同で評価を進めたのが10件、何らかの契約に至ったのが3件でした。

　シリコンバレーに拠点をつくったのは、世界のトップスタートアップの技術やアイデアを新規事業に取り入れたかったからです。新たな事業を創出するうえで、1社単独で技術を開発するのは極めて非効率なので、オープンイノベーションで優れたスタートアップと手を組むべきだろうと考えました。

木村　世界のトップスタートアップの力を活用されたんですね。一方で、協業のハードルが高いと言われますが、どのように対応されたのでしょうか。

五十棲　トップスタートアップと組むからにはWin-Winになる必要があります。

　特に重視したのはスピードです。「いったん本社と検討します」ではなく、その場でNDA（秘密保持契約）にサインし、スタートアップにとってプラスになる提案をし、結論を出す。「その技術を我々の商品のここに組み込んだら、こんな可能性が拓けます」といった、その場でラフでもいいから具体的な提案をしていました。そうしたことを繰り返すうちに、スタートアップ周辺でFUJIの認知が高まっていきました。

多くの提携を実現させる仕組み

木村 本当に凄いスピード感でしたよね。日本企業でも随一のスピードをお持ちかと思いますが、スタートアップとの協業活動を促進するにあたってどのような工夫をしているのでしょうか。

五十棲 3つあります。まず1つは6〜7のフォーカス領域を定めたこと。もう1つは、自分たちが持つ事業のポートフォリオを分かりやすく整理したこと。最後の1つは、FUJI が持つ要素技術を整理したこと。「我々はこの領域にフォーカスして探索している」「我々はこうしたマーケットを持っている」「我々はこの技術領域で貢献できる」といった情報をスタートアップに提示していました。

木村 まずは情報で自社の貢献を明確にするわけですね。実際の何社のスタートアップと取り組みを行っているのでしょうか。

五十棲 2023年は探索したのが500件です。実は500件のうち150件弱はシリコンバレー拠点からの案件で、350件ほどは日本拠点からの案件で日本や中国を含むアジアのスタートアップが多いですね。

木村 初年度である2017年の400件より、シリコンバレーのスタートアップとの取り組みは減ったのでしょうか。

五十棲 むしろやりたいことが明確になって、強い紹介ルートもできたので探索の精度が上がった形です。シリコンバレーの150件はその多くが詳細検討できるレベルのものになっています。オープンイノベーション活動を通じた人材育成の成果として、以前と比べて日本サイドの幅広い社員が活動に関わるようになりました。それが残りの350件という数字に表れています。例えば新入社員が自ら担当領域を持って有望なス

タートアップを探索してきた例もあります。導入や契約も増えていまして、具体的な評価に入ったのは 19 件、導入や契約などに至ったのは 12 件でした。

木村　FUJI のオープンイノベーション活動は、ベンチャークライアントモデルに通じる点が多くあると感じています。事業部と連携した社内課題の抽出、トップスタートアップの探索、スタートアップに配慮した知財に対する考え方、迅速なパイロット評価サイクルといった点です。特に五十棲さんが一連の協業プロセスで重視している点はありますか。

五十棲　スタートアップと協業するということは、スタートアップ自身も協業を通じて成功してもらわないといけません。そのためには、スタートアップの探索部隊を「離れ小島」にせず、事業部を密に連携させることです。せっかく有望なスタートアップを探しても、事業部につないで具体的なビジネスにしないと、Win-Win になれませんから。探索だけして後の工程につながらない、というのは絶対にダメです。

　シリコンバレーの拠点である FUJI Innovation Lab と、日本側の拠点であるイノベーション推進部はほぼ一体、同じチームとして運営しています。ただ、FUJI Innovation Lab は本社と物理的に離れているため、日本側の拠点であるイノベーション推進部が中心になり、全社の事業部と連携して課題の抽出を定期的に実施しています。

　こうしたオープンイノベーション活動を全社で推進する流れが加速してきたのは、課題を持っている部署への案件連携実績が積み上がってからですね。「自前で探すよりも、あの部隊と手を組んだ方が早いぞ」との評価を獲得できました。

　もう1つ重視しているのは、探索領域を意識的に広げることです。我々の専門分野であるFA、ロボット、画像処理といった既存の分野に限らず、「我々の技術を生かして、こんな新しいビジネスができるんじゃない？」と発想を広げないと、協業できるスタートアップの幅も広がりません。

　そのため、まず社内でオープンイノベーション部会を定期的に開いてアイディエーション（アイデアの創出と具体化）を実施しています。全社で様々な人が入り、「こうしたビジネスをしたい。だからこんなスタートアップを探したい」といったアイデアを出してもらっています。

　これから手掛けたいと考えているのが、社内の副業制度を使い、アイデアを出した社員に週1でイノベーション推進部に来てもらう、といった取り組みです。そうすることで、事業部との連携がさらに強まるわけです。

まずは買って試してみる

木村　スタートアップとの協業の形は購買、共同開発、出資など様々あると思いますが、FUJIの場合はどのような協業が多いのでしょうか。

五十棲　ウチの場合は「完成品を評価してから購買する」というより、カバーも付いていない超試作品でもいいから、買って試させてほしいというイメージですね。お金を出して試作品を買って、素早く評価してフィードバックする。「ここをこう変えるとウチでも使えるよ」といったアドバイスをすれば、完成品を自社製品に組み込みやすくなります。もう完成した製品にフィードバックをしても、カスタマイズに労力がかかるわけですしね。評価とフィードバックのプロセスを何度も回すイメージです。

木村　特に「試作品を素早く評価してフィードバックする」というのは
ベンチャークライアントモデルの要点でもあります。製品へのアドバイ
スはスタートアップにも喜ばれますからね。品質に関しては、いかがで
しょうか。

五十棲　品質についてですが、スタートアップに期待しているのは競争
優位を獲得するためのスピードや圧倒的な技術力です。なので品質に関
しては最初から完璧を求めず、製品に組み込む段階でうちも入って品質
を確保するという考え方ですね。これを上手く進めるためには、品質面
ですべてが完璧でなくても検討が進む仕組みや検証スキームを、スター
トアップではなく企業側が用意する必要があります。試作品には、実用
化に向けて機能が足りない点が絶対に出てきます。そうした未完成品を
どのようなスキームで検証評価するか。例えば、我々の顧客に対して、「ス
タートアップの技術のこの機能を試したいから、他の面では NG が出る
かもしれないが、まずは使ってもらえないか」と頼み込むこともありま
す。しっかり説明すれば、顧客も理解して評価をしてくれます。

木村　「最初から完成度や品質で選別したりはしない」というのは非常
に重要ですね。また、BtoB の事業においては最終顧客が受け入れるか
どうかが重要なので、顧客を早い段階で巻き込む形でスタートアップの
技術を検証評価する考え方は非常に面白いですね。

五十棲　それをやらないと、我々が技術を評価してオーケーを出したあ
とに、我々の顧客がオーケーを出さないといったことが起きてしまうん
ですよ。開発期間の短縮という意味でも、我々と顧客が同時に検証評価
する、というのは重要なポイントです。

木村　スタートアップとの協業にあたり、知的財産の面で留意している

点はありますか。

五十棲　スタートアップがつくりあげた技術はスタートアップのもので、我々がそれを押さえにいこうといった発想はありません。その技術を自社製品に組み込むにあたって我々がよほど重要な工夫を施した際は、その知財の扱いについて協議することはあり得ますが。

木村　具体的なスタートアップ協業の事例を教えていただけますか。

五十棲　例えば、シリコンバレーの一流ベンチャーキャピタルから出資を受けている米 MODE（モード）との協業では、MODE の IoT（インターネット・オブ・シングズ）プラットフォームを使って我々のマシンの稼働状況を全世界で見える化しました。見える化の仕組みを自社で開発するよりも、すでにあるプラットフォームを使えば、早期開発ができるという判断をしました。

　他にはがれきのリサイクルロボットがあります。道路工事などで生じたリサイクルに回せるがれきとそこに紛れるゴミの分別作業を人手からロボットに置き換えるものです。ロボットは我々が作ります。一方、様々なゴミを識別する技術については、我々が一から開発するのではなく、スタートアップが開発した画像処理 AI（人工知能）を導入しました。実際のユーザーである顧客のサイトにロボットを入れて技術を検証評価しました。

木村　お客様との関係を損なう可能性があるから顧客にはスタートアップの技術を紹介できないという話も多いですが、この場合はどのように対応されたのでしょうか。

五十棲　むしろ全く逆で顧客は新しい技術や製品を求めています。ユーザーにとっては、ゴミの認識率やロボットの稼働率を評価できればいいので、技術が我々のものかスタートアップのものかはあまり気にしませんね。むしろ新しいものを持っていくと、将来やりたいことなどの相談をもらえるようになります。最終的に技術を組み込んで販売することについては我々が責任を持つという考えでやっています。

木村　非常にイノベーティブな活動を実施されていますね。今後の抱負があればお聞かせください。

五十棲　いくつかの新規事業は、ニッチな分野ながら業界ナンバーワンと言える製品や事業が出てきています。例えば宅配ロッカーシステム「Quist」は日本ではトップシェアを持っています。このシェアを生かして、更に事業を拡大したいと考えています。

　その際には、やはりトップスタートアップの力を借りてスピーディーに優れた事業を生み出すことが重要だと考えています。今回テーマになっているベンチャークライアントモデルは、グローバルのトップスタートアップとの協業を通じて競争優位を獲得する方法です。我々が実施してきた方法に近く、非常に拡張性があるモデルであると理解しています。より多くのスタートアップとの協業から競争優位を獲得するために、ベンチャークライアントモデルも取り入れて FUJI のイノベーション活動をさらに加速していきます。

日系企業のインタビューを終えて

　日系企業は一般的に「スタートアップを業者扱いしていしまう」「遅い」「独占したがる」といわれる。一方で、今回インタビューを行った3社からは全くその要素が感じられない。むしろ真逆である。「スタートアップを重要なパートナー位置づけ」、「早く」、「オープン」である。楢﨑氏、杉本氏、五十棲氏のインタビューからは多くのベンチャークライアントモデルを日本に導入する際のヒントが得られるように思う。いくつかの気づきをまとめたい。

① スタートアップを競争優位獲得の重要なパートナーとして位置づけている

　3者のインタビューでは、スタートアップの技術力をリスペクトをしたうえで、競争優位の重要なパートナーと考えていることが分かる。また、世界のトップスタートアップと関係を構築するためにはWin-Winになることが重要であり、自分たちが選ぶのではなく選ばれる立場であることを強く認識している。選ばれるためにパイオニアユーザーになる、技術開発のサポートを行う、とにかく早く取引を実行するなど、各社各様の工夫をしている。スタートアップの苦手な品質面などについては、大企業がサポートすべき点としてサポートする考え方を示している点も重要である。サポートする姿勢もスタートアップから信頼を得るために重要となる。多くの日系企業がオープンイノベーションの難しさを口にする。目的を達成するためには、各社のようにプロセスに工夫を重ねる努力を忘れてはならない。スタートアップは重要なパートナーであり、Win-Winの関係を築くべき相手なのである。

② トップのスタートアップといち早く取り組むことを重視

　3者のインタビューからは、スピードへの意識を強く感じる。楢﨑氏は自身の欧州大手企業との協業経験をもとに、ファースト・ムーバー・

アドバンテージの重要性を説いている。スタートアップの技術により差別化した新製品を先行販売するメリットを強調する。また、繰り返し、パイオニアユーザーになる重要性も説いており、いち早く Palantir のユーザーになったことが成功の要因と振り返る。杉本氏は、スタートアップと取り組むメリットの 1 つはタイムアドバンテージであると明言している。実際に、Android Auto、Apple CarPlay を量産車にいち早く載せたことが競争優位につながっていると話す。五十棲氏も同様に、外部の力を活用しいち早く製品投入することで、宅配ロッカー市場のシェア No.1 を取れたとしている。

　変化の激しい世の中だからこそ、スタートアップと連携し顧客ニーズにあった製品を早期に投入する重要性が上がっているように思える。スピード自体が競争優位になり得るのである。

③ スタートアップの知財は独占できないと考える
　3 者のインタビューでは、スタートアップを独占するという考えが全く出てこない。共通して「原則として知財はスタートアップのもの」「共同開発したものも独占しない」という考え方に基づいている。優秀なスタートアップは知財によって成り立っていることを深く理解している。楢﨑氏は知財の制限に寛容なスタートアップは、むしろ危険であるとする。また、スタートアップの知財を制限すると、スタートアップはもとより、エコシステムの関係者からも嫌われることになる。この点は、肝に銘じた方が良い。

　インタビューからは「原則としてスタートアップの知財を保全しながらも、本当にフェアに共同開発したものは、独占ではなく共有する」方針であることもうかがい知れた。特にホンダは、インタビューの中で「試しに一緒にやってみよう」という段階で「他社に持っていくな」というっ

た話はしないと語っている。ベンチャークライアントモデルでも、お互いの良さが分からないフェーズ3のPurchaseの段階では、スタートアップの知財を保全してお互いを知ることを優先する。その後、相手をよく知った後、フェーズ5のAdoptで知的財産に関する方針を明確にする。スタートアップの知財を保全する考え方を示しながらフェアな関係を築くことが重要であるように思う。

ベンチャークライアントモデル特別対談 入山 章栄氏 × Gregor Gimmy（グレゴール・ギミー）

両利きの経営とベンチャークライアントモデル

入山　私の専門分野は経営戦略論およびイノベーション論ですが、ベンチャークライアントモデルは企業の経営戦略やイノベーション戦略にどのような形で貢献するのでしょうか。

Gregor　ドイツ BMW 発のベンチャークライアントモデルは、「経営戦略として野心的な技術革新の目標を掲げたものの、自社の R&D だけで

早稲田大学ビジネススクール 教授の入山 章栄氏（右）とドイツ 27pilots Founder and CEO の Gregor Gimmy
（撮影：的野 弘路）

は達成できなかった」という事実から生まれたものです。スタートアップは目標と現実のギャップを埋める新たな技術を日々生み出しており、経営戦略において極めて重要なリソースです。

入山　私は、イノベーションにとって最も重要な理論は、未知の領域を探して新規事業を生み出す「知の探索（exploration）」と、そこから更に収益性のあるビジネスに深めていく「知の深化（exploitation）」を並行して実践する「両利きの経営」だと考えています。

　ベンチャークライアントモデルのアイデアの根幹は、スタートアップを通じて知の探索を実践するにあたり、株式への投資よりもスタートアップの製品やサービスを直接購入する方が優れている、という理解で正しいでしょうか。

Gregor　ベンチャークライアントモデルでは非常に多くの数のスタートアップを扱うことができます。優秀なベンチャークライアントになると、探索活動の対象となるスタートアップは2万を超え、年間に実際に1000を超えるスタートアップと接触、評価します。その結果、実際に契約を結ぶ数は年間30件を超えていきます。100件を超える契約を結ぶこともできます。まさに探索活動といえるこの過程で、企業は現在及び将来の課題に気付くこともできます。30件という契約件数は、多くが5件程度の投資にとどまり、年間平均2.8件という統計があるCVCの投資件数より圧倒的に大きな数値になっています。

入山　まさにサーチの概念を内包する「知の探索」活動に近い活動ということですね。CVCとの根本的な件数の違いは大変興味深いですね。

Gregor　これまで大企業のCEOの多くは、コーポレートベンチャーキャ

ピタル（CVC）を設立してスタートアップに投資せよ、と指示を出していました。ですが、CVC には固有の制約があります。特にグローバルのトップスタートアップには投資しづらい状況があります。トップのスタートアップは投資家を選べる立場にあり、特定の企業からの投資を受けると同業種の企業と取引をしづらくなるため、通常は企業からの出資より独立系のベンチャーキャピタルからの出資を好みます。それも世界トップのベンチャーキャピタルです。そのため、企業は通常世界トップのスタートアップと関係性を持てません。対象をトップ以外に広げたとしても投資できる数も年間数件ほどと限られます。スタートアップとのオープンイノベーションを目指す事業部は、こうした CVC 固有の制約に縛られるべきではありません。

入山　確かに CVC には制約が大きいですよね。私も日本企業の経営者から CVC がうまく活用できていないという悩みの相談をよく受けます。

Gregor　私も大企業の経営トップから何度も聞いたことがあります。「我々にとっての目標は CVC からの財務リターンで 1 億ドル稼ぐことではない。1 億ドルは我々の事業から見ると大きな額ではない。自社の価値はテクノロジースタートアップと協業できることによって初めて向上する」

早稲田大学ビジネススクール　教授の
入山章栄氏
（撮影：的野 弘路）

と。私もその通りだと思います。

ベンチャークライアントモデル導入の際のコンフリクトと解決法

入山　競争優位獲得のためにスタートアップと協業したいという目的と、株式を得るという手段が合致していないというのは全くの同感です。もっと目的に直結した手法が必要になると考えています。

Gregor　まさにそれがベンチャークライアントモデルなんです。ベンチャークライアントモデルは世界トップのテクノロジースタートアップ企業の技術や製品を購入して実際の環境で試し、本格採用することで自社の競争優位を獲得する方法です。良い顧客に対してスタートアップが自社の技術や製品を企業に提供することは当然のことです。提供された製品や技術を実際の現場で本番に近い環境で検証することで協業への確信度を高めることができるのです。

入山　確かにベンチャークライアントモデルのアイデアは、日本企業にとっても魅力的だと思います。一方で、このモデルを日本の伝統的な企業に導入するにあたっては、既存の組織とのコンフリクトも予想されます。例えば実績がないスタートアップからの購入を、調達部門は拒否するかもしれません。

Gregor　私がドイツで BMW Startup Garage を立ち上げる際に実施した仕事はまさにその問題の解決でした。当時の BMW では、製品やサービスを購入できるのは購買部門だけでした。スタートアップとの交渉は複雑で、購入のプロセスが完了してテストに至るまで 2 年以上かかることもありました。これでは、優れたスタートアップは BMW と組もうとは思わないでしょう。そこで我々が考えたのは、複雑さを減らした新たな購入プロセスを設けることでした。

　我々は購買部門と長期にわたり議論し、法務部門とも話し合い、2 年ほどをかけ、自社のコンプライアンス規定に準拠したシンプルなプロセスを設定しました。ポイントは従来の購買プロセスの前の段階に、従来の購買プロセスの中で必要な部分と整合の取れた簡易な追加プロセスを設けることです。

入山　確かにそれであれば企業は従来の購買プロセスを維持し、リスクをコントロールしながらスタートアップからの最小単位の購買を実現できますね。事業部や現場のエンジニアから、スタートアップの技術を導入することに反発はないのでしょうか。

Gregor　反発の主な原因になっているのは、スタートアップのすべてが、大企業と衝突するような、今の仕事を奪ってしまうような破壊的な技術を開発しているという誤解かと思います。特に BtoB を手掛けるスタートアップの大半は、大企業が持つインパクトの大きい課題を解決する技術を開発しています。この点、基本的には大企業とスタートアップは協力関係になれると思います。実際、BMW のエンジニアは皆、3 分で充電できるバッテリーを開発できるスタートアップを探しています。

入山　確かにこの手の誤解はありそうですね。スタートアップに対する適切な理解を醸成する必要がありますね。

Gregor　はい、ベンチャークライアントモデルのプロセスをスムーズに導入するためには、まず全社のスタートアップに対する考え方も変えていく必要があります。従業員へのトレーニングを通じて、スタートアップが企業にとって戦略的かつ重要なリソースであることを理解してもらいます。そうすれば、R&D 部門や事業部の受け入れ体制が変わり、優れた技術を持つスタートアップへのニーズが生まれます。特にエンジニ

アは目の色を輝かせてスタートアップとコミュニケーションを始めますね！自社だけではできなかったものが、お互いが協力すればできる可能性がある。協力して良いものを作りたいというのが根底にあるのだと思います。

入山　とても興味深いですね。企業のエンジニアと世界のトップスタートアップがお互いに協力できるアプローチであれば、日本企業との相性もいいと思います。

ベンチャークライアントモデル成功の秘訣

入山　ベンチャークライアントモデル成功のポイントを教えて下さい。

Gregor　もっとも重要なのは、常に課題主導型、あるいはデザイン思考のアプローチのようにニーズ主導型であることです。最初は解決すべき戦略的な課題を発見することから始めます。課題を特定してから、続いてその課題を解決してくれるスタートアップを探します。逆のアプローチ、例えば「このスタートアップの技術はすごい。何かに使えないか」といった発想ではうまくいきません。

入山　ベンチャークライアントモデルを運用する専任組織ベンチャークライアントユニットの立ち上げにあたっては、経営陣によるトップダウンのサポートは必要でしょうか。

Gregor　仰るとおり、ベンチャークライアントユニットを立ち上げる当初は、経営陣によるトップダウンの強力なサポートが必要です。一方で、ボトムアップのアプローチも求められます。スタートアップを探索し、購入し、採用する意思決定は現場に委ねたほうがよいでしょう。CEOや経営層が個々のスタートアップについての決定に関わると意思決定に

時間がかかります。そうではなく購買や評価のプロセスについては現場に任せるボトムアップのアプローチを進めることにより、大量のスタートアップと関係を構築できるようになります。

入山　日本のスタートアップ協業における大企業側の課題でもある「なかなか現場が決められない」問題も解決できるかもしれませんね。ベンチャークライアントモデルが最終的にM&A（合併・買収）につながることも多いのでしょうか。

ドイツ 27pilots Founder and CEO の Gregor Gimmy
（撮影：的野 弘路）

Gregor　はい、まさに経営層の出番がいざ大型の出資や買収を行う際に出てきますね。ドイツ Siemens Mobility（シーメンスモビリティ）はベンチャークライアントユニットの Station X を活用して M&A につなげています。ベンチャークライアントモデルでは、購買とパイロットを通じてスタートアップとそのプロダクトを評価します。これにより本格採用フェーズでの買収や資本を活用した提携のリスクが大幅に下がります。競争優位獲得の手法として今後ベンチャークライアントモデルを活用した M&A は益々増えていくと考えています。

入山　M&A にベンチャークライアントモデルを活用できるようになると競争優位を獲得できる可能性が大幅に向上しますね。

第6章

ベンチャークライアントモデルの
社内導入を成功させる9つのポイント

ベンチャークライアントモデルの導入に際して、社内を説得するのが非常に難しいという声が多く聞かれる。特に上層部がスタートアップの持つ可能性を十分に理解していない場合や、今まで外部の技術やソリューションを積極的に取り入れてこないような風土だった場合は、スタートアップの顧客になることが競争優位につながるというイメージを持ちにくいかもしれない。ほとんどの企業は過去に何らかのスタートアップの製品やソリューションを購買した経験があると思われる。このため、「戦略的な利益を得るため反復的にスタートアップの顧客になる」という新たなモデルを導入する必要性を感じにくいかもしれないし、そのために新たなユニットを設けることや購買プロセスを変革することは組織変更を伴うので、社内調整を労力と感じるかもしれない。

　自社のコアとなる事業領域の技術の大部分を R&D（研究開発）部門が開発している企業では、社内の研究開発とのコンフリクトを恐れるかもしれない。さらに、既存のイノベーション手法を推進するチームが、今まで推進してきた手法を否定されていると感じたり、取り組みが競合すると感じたりして、ベンチャークライアントモデルを否定するかもしれない。端的に言うと、できない理由や、やらなくてもよい理由、採用を否定する理由が大量にあるのである。

　有効なベンチャークライアントモデルを社内に導入、構築し、運用することは非常に難しい。この状況を変えることができるのは、本書を手に取ってくれたあなたである。筆者らはベンチャークライアントの導入に向けて、100 社以上の担当者と個別にディスカッションを重ね、実際に 40 社以上に導入してきた。日本企業でも、電子部品実装機の FUJI が本格導入を決定したほか、複数の大企業が本格導入に向けたパイロットを開始している。

　本章では、できない理由や失敗の理由を記載し現状を嘆くのではなく、どのように進めることで有効なベンチャークライアントモデルの導入に結びつけることができるかをみていきたい。筆者が導入に向けて関わる9つの典型的な質問について回答する形で、具体的な検討ポイントを紹介したい。

6-1　（全体）改めてベンチャークライアントモデルを導入する必要があるのか？

　ベンチャークライアントモデル導入に向けて「自社もスタートアップの製品を導入している。改めて同モデルを導入する必要があるのか？」と問われることが多い。

　今ではおそらくほとんどすべての企業が、スタートアップや直近までスタートアップだった会社の製品を利用している。Slack などの社内 SNS や Zoom などのコミュニケーションツール、Salesforce のような営業管理システム、米 OpenAI（オープン AI）の生成 AI（人工知能）／LLM（大規模言語モデル）などについて、例示しているような会社がスタートアップであった際にその製品を利用した企業は多いであろう。この点、たしかにあなたの会社はスタートアップの顧客となる主体である「ベンチャークライアント」ではある。

　ここで一度ベンチャークライアントモデルの定義に戻りたい。ベンチャークライアントは「世界トップクラスのスタートアップのソリューションを発掘、試験購入、導入することで、事業会社が直面する最も差し迫った戦略的課題を解決し、競争優位の獲得および経済的な効果（売上の増加、費用の削減）を実現する手法」である。

　ベンチャークライアントモデルを導入する最大の目的は競争優位の獲得であり、結果としての経済効果の実現である。この目的を達成したいのであれば、ベンチャークライアントモデルの導入を強くお勧めする。一方で、導入に際しては世界トップクラスのスタートアップへの適切な理解が必要となる。

　ベンチャークライアントモデルの目的である競争優位の獲得を達成するためには、前提として経営層やベンチャークライアントモデルに携わる社内関係者が、圧倒的な差別化がスタートアップによって達成されると確信している必要がある。多くの場合、この部分が難しい。世界最高レベルのスタートアップと協業し、成功した経験を持つ人はどれほどいるのであろうか。2000年前後のドットコムバブル、2010年前後のクリーンテックバブルが象徴的であるが、過去にスタートアップとの協業でいい思いをしてきた人より、苦い思いをした人が多いのが実情ではないかと思う。また、全くスタートアップとの接点が無く、イメージもつかないという人も多いだろう。

　スタートアップは未熟で、なんとなく危険なもの。スタートアップは関係者のこの認識が変わらない場合、競争優位を獲得する手法としてスタートアップ協業を位置付けることが困難になる。

　グローバルのトップスタートアップをめぐる実情は、そうした過去の印象とは全く異なる。ベンチャーキャピタルから提供される桁違いの資金力のもと、世界最高峰の人材が、特定の課題に対して一点突破で圧倒的な技術とソリューションを開発している。特定の課題に対する自社内の研究開発部門の人員数、予算額と比べてみるとよいだろう。自社の競争領域の中で、必ずやスタートアップの方が桁違いに優れている領域があるはずである。

　確かに初期段階のスタートアップでは製品の品質が安定しなかったり、スペックにおいてもすべての面をカバーするのは難しかったりするかもしれない。しかし、この部分は第5章のホンダやFUJIのインタビューにあるように、企業側が適切にマネジメントをすることで乗り越えることができるものである。グローバルのトップスタートアップが競争優位

の源泉になるという事実を粘り強く関係者に伝えていき、関係者の理解を醸成することが重要である。

　また忘れてはならないのが、ベンチャークライアントモデルは、様々なメリットをもたらす経営ツールであるという点である。ツールである以上は適切に使わなくてはならない。他のイノベーション手法同様、使い方によっては、有効に機能する場合もあるし、有効に機能しない場合もある。適切に使うためには、まず全体像をしっかりと理解しなくてはならない。

　ベンチャークライアントモデルは、実行プロセスだけでは機能しない。適切な認識のもと、戦略、プロセス、組織、文化を適切に連動させる必要がある（図6-1）。まず、中期経営計画などと連動した戦略をもとにプロセスを実行することが求められる。また、実行プロセスにおける取り組みを実効性のあるものにするためにも、組織を巻き込み、スタートアップを受け入れる文化を醸成し、KPI（重要業績評価指標）データをもとに改善を続けながら達成していく必要がある。まさにオペレーションエクセレンスなのである。

　例えば実行プロセスでは、課題抽出段階からの経済的効果の測定、課題に対する大量のスタートアップソリューションの抽出、MVP（Minimum Viable Purchase：実行可能な最小の購入）段階での共同開発要素やコンサルティング要素を排除した購買、MVPでのフェアで安価な価格設定、実環境を想定した上でのパイロット、本格導入に際してのオプションの事前設計と迅速な実行などがポイントとなる。

　ドイツBosch（ボッシュ）のベンチャークライアントユニットであるOpen Bosch（オープンボッシュ）がベンチャークライアントモデルの採

図 6-1　ベンチャークライアントモデルの導入プロセスの全体像

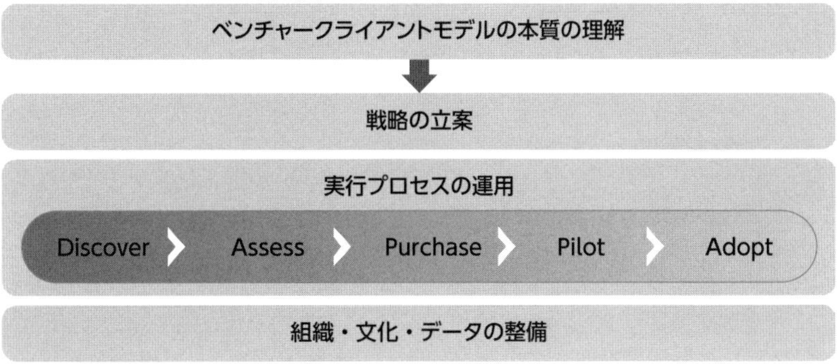

出所：27pilots：The Venture Client Handbook を基に筆者作成

用を同社 Web サイト上で掲げているのは第3章で述べたとおりである。あわせて各プロセスでの実施事項の概要を記載している点からも、Bosch がベンチャークライアントモデルの実行プロセスについて深い理解を持っていることがうかがえる（**図 6-2**）[1]。

　スタートアップとの協業からの戦略的利益を創出したい企業は、ベストプラクティスとしてのベンチャークライアントモデルを導入するとなぜ成果が出やすいのか、それぞれの項目がどのように相互に関連し全体がデザインされているのかについての理解を深めた上で、一連の体系として同手法を採用することをお勧めしたい。単発的にスタートアップの顧客になることと、体系的なベンチャークライアントモデルとの違いを理解した上で導入を行い、スタートアップ協業から戦略的に経済的利益を「早く」「確実に」「大量に」獲得できるチャンスをつかんでほしい。

[1]　本書で示している5つのフェーズの内容と基本的に整合しているが、本書で紹介しているプロセスではDiscover フェーズの最終段階で課題の解決に資するスタートアップを抽出している点が異なる。

図 6-2　Open Bosch が掲げる、ベンチャークライアントモデルの各プロセスでの実施事項

●戦略的課題を解決するスタートアップのロングリストを作成し、ショートリストに絞り込み、最も良い候補を選出する

●実際の厳選されたユースケースを想定した環境でスタートアップをテストする
●技術と文化の検証を行う

Discover　Assess　Purchase　Pilot　Adopt

●外部連携により解決が可能な社内の課題を特定し、経済的な利益にフォーカスする

●初期のパイロットプロジェクトを決定し、成功の定義を行う
●パイロットプロジェクト対象をBoschのサプライヤーとして購入する

●パートナーシップ契約もしくはサプライヤー契約を締結する
●更にスタートアップソリューションを拡張採用できるか検討する

出所：Web サイトなど各種公開情報をもとに筆者作成

6-2 （戦略）対象とすべき技術領域は？

　ベンチャークライアントモデル戦略の策定に際して、既存の事業部や
R&D 部門が開発する技術領域とのコンフリクトを懸念する声が多い。
これらの領域では技術的にスタートアップと自社の技術が競合性を持つ
場合が多く、知的財産権においてもコンフリクトが発生する可能性が高
い。

　特にスタートアップの技術評価にあたっては、NDA（秘密保持契約）
の締結が必要になることがある。この場合、秘密情報の受領に伴うコン
タミネーションリスク（他社の秘密情報が自社に混入し、秘密情報を意
図せず不正利用してしまうリスク）が発生する可能性も出てきてしま
う[2]。このようなリスクに対応するためには、ケース別に適切な情報取
り扱い措置を講じる必要があり、購買に慎重にならざるを得ない場合も
ある。特に、ベンチャークライアントモデルの各プロセスの推進に慣れ
ていなかったり、実務が固まりきっていなかったりすると、論点および
対応を都度検討せざるを得なくなり、本来目的にしているスピーディー
な技術導入やスタートアップ活用が困難になる。

　以上はほんの一例であるが、自社が開発を手掛ける技術領域に近い分
野でのスタートアップ活用は難易度が高い。ベンチャークライアントモ
デル導入の初期段階で取り組むべき領域については、既存の技術開発領
域とかぶらない DX（デジタルトランスフォーメーション）や SX（サス

---

[2] https://iplaw-net.com/tradesecret-mailmagazine-column/tradesecret_vol_65, https://
www.jftc.go.jp/houdou/pressrelease/2020/nov/201127pressrelease_2.pdf　P39など
参照

テナビリティートランスフォーメーション）などを選択することも一案である。自社が手掛けたことのない領域であれば、知的財産権の自社とのコンフリクトが問題になる可能性も比較的低く、自社にない技術を外部から持ってくるという発想になるため、スピーディーに協業できる可能性が高まるからである。

　これらの領域でスタートアップから購入する実績を積んだあとは、自社で研究開発を進めている技術領域でもベンチャークライアントモデルを導入することが望ましい。やはり、自社が推進する事業領域や、自ら開発を手掛けている既存の技術領域は、自社の戦略的利益に直結していることが多く、インパクトも大きいからである。

　当初米 Apple（アップル）が米 Adobe（アドビ）と提携した際には、Apple は同様の技術を社内で開発していたところ、Adobe のガレージに行き、あまりに進んだ技術を目の当たりにした結果、自社の開発を打ち切り Adobe の採用を決めたとされる。このような歴史もあってか、今でも同社は自社で研究開発を続ける領域か否かを問わず、内部と外部の技術を比較した上で多くのスタートアップの技術を採用している。また、米 Intel（インテル）も自社のコアとなる技術領域においては研究開発を行いつつ、常に外部の技術と比較し、より良い技術については顧客になりながら、場合によっては出資し、最終的には買収によって取り込むことで競争優位を得ているといわれる。

　前述のとおり、既存領域ではスタートアップと競合するリスクが高く、技術や知的財産権についても最終的に共同開発や排他的権利を要求すべき場面が多い。そのため、事前に情報のコンタミネーションリスクをマネジメントしながら必要に応じて NDA を結び、Purchase フェーズでの購買、Pilot フェーズでの技術評価を行うことが肝要となる。そのうえで、

評価結果をもって、最終フェーズの Adopt（本格採用）で、共同開発、排他的権利について資本業務提携、買収などの事前に整理されたオプションに基づきスタートアップとのスピーディーな取引を実行することが望ましい。

　ドイツ BMW でベンチャークライアントモデルを開発した共著者の Gregor Gimmy（グレゴール・ギミー）は、「優れたベンチャークライアントモデルは、企業があらゆるタイプの長期的パートナーシップ契約（ライセンス供与、共同開発、アライアンスなど）や支配的投資（M&A、合弁事業など）について、より早く、より少ないリスクで決定することを可能にする競争ツールである[3]」と述べる。ベンチャークライアントモデルは迅速な評価と評価結果に基づく戦略オプションの実行を可能にする。既存の事業領域でベンチャークライアントモデルを有効に活用することができれば、技術開発スピードが速く、不確実性が増している昨今の経営環境で大きな武器を手に入れることができる。

　以上のように、当初は DX や SX などの比較的新しい領域で、その後は既存の領域でベンチャークライアントモデルを始めることが有効な手段となる場合がある。

[3]　Interview Of The Week: Gregor Gimmy, 27pilots, The Innovator 2023
　　　https://thcinnovator.news/interview-of-the-week-gregor-gimmy-27pilots/

6-3 （戦略）新製品開発か？ オペレーション改善か？

　ベンチャークライアントモデルの導入にあたり、収益向上に資する新製品開発、費用削減に貢献するオペレーション改善のいずれを重視するか、悩む企業は多い。戦略的利益を実現する時間軸の観点では、同モデル導入の初期において、まずはオペレーション改善に注力することも一案である。オペレーション改善は自動化・効率化の効果を見積もりやすく、社内の関係のみでコントロールできるため経済的効果の予測が立てやすいからである。

　さらに踏み込むと、オペレーション改善の中でも他社との競争優位になるようなサプライチェーンの自動化や営業効率の向上、業界特有の間接業務の効率化などが狙い目となる。どの業界の企業にも発生するようなバックオフィス系業務の改善や情報コミュニケーションの基盤採用などは差別化につながりにくい。一方で、特定の業界やサプライチェーンに特化したオペレーションは経済的インパクトが大きい上、導入の難易度も高く、差別化しやすいからである。

　新製品開発においては、革新的な技術を取り入れた上でも、製品が市場に受け入れられるかについての不確実性が残る。加えて、一般に市場投入まで2年から5年までの期間がかかることが多いため、実際に経済効果が発現するタイミングが費用削減に比べて遅れることになる。新製品開発で実際に結果が出る前にマネジメントが変更になり、イノベーション活動の見直しが行われる恐れもある。そのため、まず短期でオペレーション改善を進めてしっかりとした成果を残してから新製品開発に移る方が、活動を継続しやすい。

　ベンチャークライアントモデルを導入してから一定の期間が経った後は、新製品開発の比重を高め、前述の Bosch の事例のように新製品開発 40％、オペレーション改善 60％ を目安にすることをお勧めする。オペレーション改善の方が短期で成果を計算しやすいが、同モデルの最大の醍醐味はスタートアップ技術活用による革新的製品の発表にあるからである。

　Gregor も BMW で同モデルを開発した際にベンチャークライアントモデルのメリットを「BMW がいち早く最先端の技術にアクセスし製品カスタマイズの可能性をもち、市場投入までの時間を短縮し、価格設定にも初期から関与できるようになる[4]」点にあるとした。本書でも、Apple × PrimeSense、Microsoft × Kinect、Pfizer × BioNTech など様々な事例を紹介してきた。いずれのケースもスタートアップが競争優位の源泉となり、新製品開発領域での大きな戦略的利益の実現につながっている。ベンチャークライアントモデルを導入した初期では、オペレーション改善に注力して結果を残し、一定の期間が経った後に大きな効果を狙って革新的新製品にも挑戦することをお勧めしたい。

[4]　Gregor Gimmy, What BMW's Corporate VC Offers That Regular Investors Can't, Harvard Business Review, 2017
https://hbr.org/2017/07/what-bmws-corporate-vc-offers-that-regular-investors-cant

6-4 （実行プロセス）インパクトの大きな課題を抽出できるのか？

　ベンチャークライアントモデルは戦略的な利益の獲得を目的にしている。戦略的利益の大きさは、抽出する課題の経済効果に大きく影響を受ける。課題の質についても、既存のサプライヤーや技術では解決できないレベルの方が、必然的に戦略的利益が大きくなりやすい。この課題抽出に悩む企業が多い。

　新製品開発における課題抽出においては、顧客が真に求めている、もしくは、顧客すら認識していない未来の製品・ソリューション像を描き、実現に向けた技術およびソリューションの課題を定義することが重要となる。営業部門が強い企業では、営業部門の目線が顧客の直近の課題に寄りやすい。

　また、R&D部門が強い企業では、技術の開発に重きが置かれ、マーケットで何が求められているかの観点から技術課題を考えることが習慣化されておらず、技術課題を定義する力が弱くなっていることがある。戦略上インパクトのある課題を定義するためには、ビジネスおよびテクノロジーの未来を想像する力、顧客の課題を深掘りする力が重要である。

　この際に最も重要になるのが未来ビジョンである。未来が今後どのように向かっていくのか、その中で自社がどのような方向性に向かい価値を発揮していくのかの未来像があって、はじめて現在とのギャップ、課題に気付くことができるからである。

　未来ビジョンに基づく課題の設定と創造的なソリューションの考案を

実現するアプローチには様々なものがある。顧客の洞察から真の課題を構造化、深掘りし、創造的な解決策を導き出す課題解決のアプローチであるデザインシンキングや、複数のシナリオを想定しそれぞれのリスクや機会を評価して、適切な戦略を策定するシナリオプランニングなどが有効な手法となり得る。新規事業においてSFやアニメを参考にする企業も少なくない。

　日本でも、技術、社会、経済のトレンドの総合的分析やアカデミックの知見および現場から得られるインサイトや事実を融合させ、未来の社会アジェンダ設定とその創造的解決策を探求することを目的としたアプローチがいくつか出てきている。特に大阪大学フォーサイトが提唱する手法や特定非営利活動法人ミラツクなどが提唱する手法は非常に興味深い。

　未来の課題や課題を解決するソリューションを構想するのに、スタートアップからの情報は非常に有効である。スタートアップは課題の解決を目指し、非常に柔軟な発想で解決策を提案するからである。そのため、自社が取り組む領域に近いスタートアップを大量にみることで未来にテーマになりそうな課題とソリューションに気付かされることも多い。

　この際には、特定の領域や課題に絞ってスタートアップの数やスタートアップに対するベンチャーキャピタルからの資金調達金額の合計額を参考にするのも有効になる。課題が大きくソリューションへの期待が高い領域では、ビジネス規模が大きくなりやすく、多くのスタートアップが集まり、ベンチャーキャピタルからも多額の資金が投じられるからである。

　そのうえで、さらに取り組むべき課題に対するスタートアップ動向を

観察し、接触することは、デスクトップだけでは得られない情報を得ることができるので、非常に有効な手段となる。

　この点、コーポレートベンチャーキャピタル（CVC）機能を活用することも有効であろう。CVC は、BS（バランスシート）を活用してスタートアップ自体に投資するため、中長期の目線でスタートアップのビジネスや技術を見守るのに適している。近年の CVC の活用方法として、マーケットインテリジェンスと言われる深い業務知識の収集や戦略的情報収集での活用が増えているのもこのためであろう。

　スタートアップと情報交換する際に気をつけたいのが等価交換である。例えば、Intel は自社の目指している未来像に加えて詳細な技術ロードマップをスタートアップに開示し、いつまでの時点でどの程度の技術が達成されていれば Intel が顧客になれる可能性があるかを示し、スタートアップとオープンな情報交換と課題の把握を行っている。

　日本企業では、顧客から入手した外部情報だけではなく、自社が何を目指しているかやどのような技術を開発しているかの内部情報のほとんどすべてが機密情報とされており、新製品や技術課題をオープンに議論することができなくなっている場合が多い。シリコンバレーにスタートアップの探索に来た大手製造企業とディスカッションをした際に、「自社の機密情報に分類されている情報を厳密に仕分けたところ、そのほとんどは顧客情報を含まず機密ではなかった」との話が出たほどである。これでは社外はもちろん内部でもコミュニケーションが進まず、大きな課題を描くことが難しくなる。

　ただスタートアップから情報を入手（Take）するだけでは、いずれエコシステムの中で敬遠され、サステナブルな活動を営むことはできな

くなってしまう。情報に対する考え方に関しての方針を見直しながら、
スタートアップとオープンな情報の等価交換を行うことが重要となる。

コラム｜未来志向での課題抽出への挑戦

　前節では未来志向で課題を設定する重要性について触れてきたが、日本企業はイノベーションにおいても短期で解決策を探す思考が強いように見受けられる。筆者はベンチャークライアントモデル導入のディスカッションを繰り返す中で、未来志向での課題設定に苦しむ企業を多く見てきた。様々な原因が考えられるが、一つには日本の教育制度は標準化されたカリキュラムに従って単一の正解を求めるように設計されているため、柔軟性や創造性が育ちにくく、未来志向のアジェンダ、未来の課題を自由な発想に基づき設定する機会が必然的に少なくなる点が影響しているともいわれる。

　一方で、課題が設定されたあとにプロセスの改善を続けて達成する力は非常に強いといわれる。スタートアップがイノベーティブな製品開発をマネジメントする際のバイブルとするリーンスタートアップ[5]の起源になったのはトヨタ生産方式ともいわれており、課題を設定したあとにイノベーティブな製品を作り出す能力はむしろ大きな武器なのではないかと思う。まさに日本企業にとっては適切な課題を設定することこそが、イノベーション実現のため乗り越えるべき壁なのかもしれない。

　課題の設定という壁を打破すべく、多くの日本企業が課題の設定を起点にイノベーションに取り組み始めている。例えば、スズキは2016年にシリコンバレー拠点を設立して以降、起業家が持つ挑戦する精神の醸

---

[5]　リーンスタートアップは「低コストかつ短期間で必要最低限の機能を備えた製品（Minimum Viable Product）を作った後、実際に顧客に使ってもらい検証し、学びを得るといったサイクルを繰り返す」とされる。

成やイノベーションの手法を学ぶため、課題解決のアプローチであるデザイン思考を中心とした研修を実施している。驚くべきは6年半の間に少なくとも170人以上のメンバーをシリコンバレーに送り、役員などの幹部クラスの多くが過去にシリコンバレーで同研修を受けているという点である。

　研修の効果についてシリコンバレー拠点のDirectorの木村澄人氏は、「デザイン思考はまさに顧客志向で課題を発見し変革のアクションを起こす考えを体感するのには最適のアプローチでした。問題解決のアプローチであるデザイン思考は創業以来、顧客の立場に立ち価値ある製品を追い求めてきた自社のDNA、そして社是そのものであり、この原点に立ち戻るきっかけになると考えています。浜松には『考えるより、まずやってみよう』という『やらまいか精神』という言葉があるんです。創業期や高度経済成長期のスズキは、その精神に基づいて積極的にアイデアを出し合い、歴史に残るようなバイクや車を開発してきました。シリコンバレーにあるものを使い、スズキの原点に立ち戻ってよりよい会社へと変革する。そして生活に密着したインフラ企業となり、地域社会の発展のために役に立ちたい。それが長期的なゴールですね」と語る。

　デザイン思考を学んだ効果が早速出ているという。2019年の東京モーターショーで紹介した高齢者向け電動カート「KUPO」は、デザイン思考を学んだ若手によって開発された。高齢者の移動という課題を更に深掘りし、「元気でいたい」「歩き続けていたい」という高齢者が本質的に抱く願望に着目している。従来の電動車いすのような単なる乗り物ではなく、健康でいられる歩行補助具としても使えるようにしたという。

　現地での研修プログラムに参加したメンバーたちは、顧客が抱える課題を中心におき問題解決する意識が非常に高くなり、事業の変革にも前

のめりな姿勢を見せるという。顧客の課題を捉え、柔軟にソリューションを出せる人材をいかに育成するかがイノベーション推進のカギになるのかもしれない。

　未来の事業・製品ポートフォリオ構築に向けては、通信・プリンティング事業を主たる事業とするブラザー工業が、「世界中の"あなた"の生産性と創造性をすぐそばで支え、社会の発展と地球の未来に貢献する」という大きなテーマのもと事業機会を模索している。その事業探索の方法論として、新規事業の未来の技術課題の設定も含む課題設定を重視したプログラムを運営している。

　課題設定を起点にする背景として、新規事業推進部長の安井邦博氏は「以前は事業の種や技術の活用可能性をオープンイノベーション組織から事業部に紹介するプッシュ型のアプローチを採用していたが、新規事業の未来の課題や事業部の課題に基づいて、技術やソリューションを紹介するプル型のアプローチの方が効果的であった」と語る。ブラザー工業は、現在の主たる事業であるプリンター事業に進出する際にも米国スタートアップの技術を活用しており、高速ドットプリンターを開発した歴史を持つ。そのため、未来の技術課題を設定することと、課題を解決するソリューションを探し出すことの重要性を理解する文化があるという。

　現在もオープンイノベーションの取り組みとして、全社の技術課題や関心をとりまとめる。加えて、全世界のネットワークを活用し最適なパートナーを発掘する「社内外活用ワーキンググループ」という取り組みを実施し、積極的に課題を設定し創造的にソリューションを探索する仕組みを構築している。

　このワーキングの枠組みの中からいくつかの事例が出てきている。一例として、同社は CO_2 排出を従来品と比べ約75％削減でき、熱風を出さず、冷気を局所にあてピンポイントで冷却することができるスポットクーラーの有効性を検証する事に課題を見いだしていた。工場や倉庫といった現場の熱中症対策でスポットクーラーが有効かを検証するために、深部体温を計測するテクノジーを持つBiodata Bank（バイオデータバンク）との連携により実現したという。

　また、家庭用ミシンを最大限に楽しむにあたって、ユーザー自身が型紙を起こせないことがネックになっているケースがあるという課題を見出して、AIを駆使して身体にフィットした型紙を作ることができるラトビアのFitdex（フィットデックス）を活用した事例がある。こちらについては既に欧州販売子会社と、型紙データ販売サイトにおける共同ブランディング・マーケティングを展開しているという。既存製品自体の性能を高めることはもちろん、バリューチェーンや製品ポートフォリオを拡大することで全体としてのサービス価値が高まるアイデアが出てくることも、課題に根ざした取り組みの効果であるといえる。

6-5 （実行プロセス）戦略的利益の経済効果算定にあたってのポイントは？

　ベンチャークライアントモデルの特徴の一つは、プロセスの実行にあたって、常に戦略的利益からの経済効果を意識することである。戦略的利益の実現が目的であることもそうであるが、戦略的な利益を得る可能性が高いことを示すことができれば、社内の経営層、他の事業部の強力を取り付けることも容易になる。一方で、米 GE Ventures の Chief Risk and Investment Officer（最高リスク・投資責任者）である David Mayhew（デビッド・メイヒュー）氏が「財務的リターンを測定するのは簡単だが、意味のある継続的な方法で戦略的リターンを測定するコードは誰も解読していない」との言葉を残したように、多くの企業は戦略的利益の経済効果を計算していない。

　この計算にあたっては、新製品開発における市場規模拡大、市場シェアおよび製品単価の上昇とこれを実現するためのコストの増加分を見込んで計算する。一方で、オペレーション改善においては、既存手法と新規のソリューションを実現した際のテクノロジー導入にかかるコストと削減可能な人件費の差額を比較し、経済効果を算定することが基本となる。

　算定経済効果を最大化する上でも、算定された経済効果を実現する上でも重要になるのが、未来予想に応じた課題の大きさ、製品、技術、ソリューションが課題を解決できる度合い、現場での適用可能性である。まず、未来を想定し大きな課題を抽出することによって、実現可能な市場のパイに相当する値を最大化する。そして、課題をよりよく解決する世界のトップスタートアップのソリューションを選出することによっ

て、ソリューションが解決しうる経済効果の理論値を最大化する。そして、現場への適用を可能な限り拡張することによって、実際に得られる経済効果を最大化できる（図6-3）。

　未来志向の課題抽出から経済効果を算定しイノベーションを推進する取り組みにおいては、東京海上日動火災保険の事例が参考になる。同社は2030年の未来の保険に関する全業務プロセスにおける未来の課題を抽出設定し、テクノロジー進展の時間軸も踏まえてスタートアップを含む最先端テクノロジー導入によるオペレーション改善を推進している。

　課題を抽出しソリューションを検討するプロセスにおいて経済効果を算定し、経済効果が大きい課題の解決を優先するという。例えば同プロセスの一例として、多くの社員を現地に送らなくてはならない災害後対応に着目した。災害対応においては、様々な気象条件に対応する必要がある。そのため、夜間や雲に覆われた場所でも地上の状況を観測できる特殊なレーダー及び解析技術を持つフィンランドの衛星ベンチャーICEYE（アイスアイ）の技術を採用した。同社と水災発生時の保険金支払い迅速化に向けた取り組みを実施するとともに、災害後の現地状況把握の効率を大幅に改善する事に成功している。

　同社のSilicon Valley Office, Head of Digital Innovationの小林秀憲氏は「現時点ではテクノロジーの進化が及んでいない領域でも、将来に大きな経済効果が期待されるものは今から検討には着手していくことも重要である」と未来の経済効果も意識しつつ、課題解決に取り組む重要性を指摘する。

　また、具体的な解決策の考案にあたっては、課題を人が解くべきか、テクノロジーで解くべきか、人とテクノロジーの協調で解くべきかに分

図 6-3　新たな製品やオペレーションの導入に伴う経済効果の算出式と影響を
与える項目

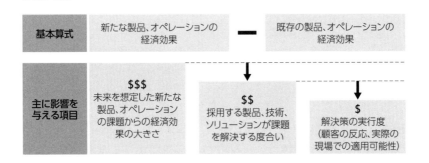

類することも重要であるという。テクノロジーだけではなく、人だからこそできる部分があり、そこに価値が生まれるからである。例えば、事故後のメンタルケアは、人だからこそできることで、非常に価値の高いサービスである。小林氏は「AIなどのテクノロジーによって仕事を奪われるという認識ではなく、『人』が担うべき領域をより高度化して、共生・共創するという考え方が大切になる。『人』と『テクノロジー』のベストミックスを創出することで、『人』のポテンシャルを最大化することができる」とする（図6-4）。

　以上の考え方は、課題を深掘りして考えることにつながり、より大きな価値や経済効果を生む可能性を含んでいるように思う。課題を起点に経済効果を意識したイノベーション活動からは、本書が推奨する1件あたり百万ドル以上の規模を大きく上回る経済効果を実現しているという。以上のように、ベンチャークライアントモデルの各プロセスで、常に経済効果を意識しつつ、価値を高めるために柔軟な発想を持つことが重要になる。

図 6-4　テクノロジーの活用で業務を自動化し、人とテクノロジーの連携で業務を高度化する

提供すべき価値とベストミックスの考え方

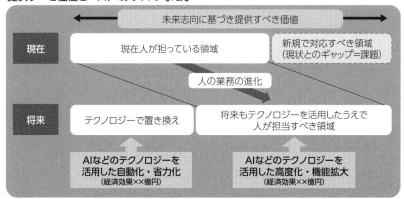

経済効果に基づく保険プロセスの改善イメージ

保険プロセス		テクノロジーが担う領域	人+テクノロジーで高度化すべき領域	
事故受付　経済効果××億円	受付・説明	顧客からの情報収集（インプット）	補償内容、流れの説明	
	顧客ケア		事故後の心情の理解	メンタルケアなどのより高度なサービス
	事故対応	レッカーの手配		

出所：東京海上日動火災保険　小林秀憲氏インタビューに基づき筆者作成

6-6 （実行プロセス）調達プロセスの鍵は？ 共同開発、知的財産権の扱いは？

　第3章でも触れたように、ベンチャークライアントモデルの活動を推進するにあたっては、スタートアップフレンドリーな、スピーディーかつシンプルな購買ができるようプロセスを整えることが重要になる。ここではベンチャークライアントモデルのいわゆる第3フェーズにあたるPurchase（購買）について考えてみる。

　ベンチャークライアントモデルのプロセスを実際に始めようとする企業の担当者から多く聞かれるのが、「Purchaseの購買契約について、共同開発やコンサルティング契約を排除したものにする必要が本当にあるのか？」といった疑問である。

　ベンチャークライアントモデルにおけるPurchaseフェーズのようなスタートアップとの最初の契約において、共同開発やコンサルティング契約の要素が入っている契約を多くみかける。大企業はデータやノウハウを自社独自のもので、非常に価値があると考える傾向がある。取り組みからの権利を自社に保有するために、スタートアップソリューションの調達に際してコンサルティング的な要素や共同開発的な要素を含めようとするとされる。日本企業からは、スタートアップとの連携にあたって知的財産の面で苦い経験をした話をよく聞くことがある。そのため、日本企業ではスタートアップに対しても、初期段階から自社の知的財産を要求することが大切だという考え方をしている企業が多いように見受ける。

　例えば、大手製造業の企業が自社の製造工程において最終段階の検査

を人力で行っていたものを、実際の製品画像を読み込ませ、AI（人工知能）による画像診断で一部自動化するケースに遭遇したことがある。このケースで大手企業は、自社の独自データを活用しているという理由で、将来の外販の可能性を見越し、共同開発権契約の締結をスタートアップに要求した。

　このケースでは誰も得をしなかったというのが結論である。製造業の画像認識による異常検知のソフトウェアは汎用性が高いため、多くの企業が提供した教師データで訓練を繰り返しながら精度が高まっていく性質がある。皮肉なことに、他の多くの企業のデータで強化された汎用的なAIの方が、特定企業の限られたデータで訓練されたAIより性能が良くなってしまったのである。結局、大企業側には、性能が必ずしも高くない、共同開発されたソフトウェアの一部の権利だけが手元に残ることとなった。最終的には、共同開発契約に多額の資金を投入したにもかかわらず、汎用的なAIを使うことになった。

　スタートアップも拡張的に成長するために多くの企業への販売を目指している。そのため、排他的共同開発権を要求するような企業はスタートアップ側からは魅力的には映らない。最近は良いスタートアップになればなるほど、大企業側を選ぶ姿勢を強めている。スタートアップと大企業のグローバルでの協業支援を20年以上手掛けてきたJETROイノベーション部次長（スタートアップ担当）の樽谷範哉氏は、「大企業はスタートアップから選ばれているという意識を持った方がよい。良いスタートアップになればなるほど、付き合うべき大企業を選ぶ。海外のスタートアップでは大企業を選定するクライテリア（評価指標）を持っていることが一般的になっている」とする。選ばれるためには、いかにスタートアップに喜ばれる調達プロセスを整備するかが重要になる。

　第5章のインタビューでは、欧州のネットワークシステムベンダーが自社製品を他社と差別化するコアになり得るスタートアップの情報通信関連技術を6カ月だけ優先的に使用している事例を紹介した。同事例では、6カ月経過後は、他の競合と思われる顧客に販売可能としていたのである。このような場合、スタートアップが他社に技術を販売し成長することで、技術の性能自体も向上することが期待できる。また、スタートアップが十分な収益を得ることで保守メンテナンスやバックアップの体制も充実する可能性がある。別の角度から考えると、スタートアップの競合他社も類似の開発を行っている。自社で独占的に囲い込むと競合技術の方が発展してしまう可能性がある。他社への販売を認めることで、自社の採用している技術が業界標準として発展し続け、自社は最も良いユーザーとして新製品販売の際にメリットを享受できる可能性がある。このケースは、囲い込まないことによるメリットを考えさせられる良い事例である。

　そもそも囲い込んだほうがよいのか、より良いユーザーになって先行者利益を享受する方向性を重視したほうがよいのかについては慎重な検討が必要である。この判断は非常に難しく、十分な事前情報と時間を要する。そのため、ベンチャークライアントモデルでは、まずは知的財産を要求せず、スタートアップの製品、ソリューションを購買することを勧めている。

　TMI総合法律事務所でシリコンバレーオフィスの代表を務め、日米の知財実務に精通する佐藤睦氏は、「ベンチャークライアントモデルは知的財産権の取り扱いに関する論点をできる限り生じさせないという考え方に基づくものとの理解している。この考え方は、スタートアップと大企業の双方が慎重に知的財産権の取り扱いを事前に検討している現状と比較すると、PoC（概念実証）その他の検証を迅速に実現できる可能性が

高い」と知的財産権を初期段階で要求せずにビジネスをスピーディーに進めるメリットについて語る。

　ベンチャークライアントモデルにおいては、Purchase フェーズの段階では、まず顧客＝使用者となることを前提として、知的財産権を要求しない。第4フェーズの Pilot で改めて実際に想定されるユースケースの環境で精度や技術スペックの検証を経て、本当に自社にとって必要性があると判断されれば、第5フェーズの Adopt で排他的権利や共同開発権の要求を行う流れとなっている。

　実際にベンチャークライアントモデルの導入を進めている企業では、次世代の先進デバイスに必要なセンサーの選定にあたってのアプローチを改めた。従来は詳細な開発要件や知的財産の取り扱いを盛り込んだNRE（Non-Recurring Engineering）契約を前提としていたところを、センサー単体の購買と機能の確認という実態と契約形態に整理した。こうしてスピーディーに購買したセンサーの評価を行った結果、センサーの設置に関して知的財産の検討が必要であると認識したため、第5フェーズの Adopt で共同開発契約を締結するに至った。

　事前にスタートアップの製品の性能を評価し、顧客となることにより、交渉が非常にスムーズに交渉が進んだ実例である。以上のように、ベンチャークライアントモデルの調達プロセスの原則に従うことで、スタートアップとの協業をスムーズに進めることができる。

6-7 （組織・データ・文化）ベンチャークライアントモデルと他のオープンイノベーション手法との関係は？

　ベンチャークライアントモデルは、適用分野にもよるが1年から3年といった短い時間軸で戦略的な利益を実現できる手法であり、大量に実施できるという点や、高い確率で戦略的な利益を獲得できるという点でも他の手法とは一線を画する。

　ベンチャークライアントモデルの導入にあたって、「既存のオープンイノベーション手法を採用しているのでコンフリクトがあるのでは？」「既存の手法で十分なのでは？」という声が寄せられることも多い。第2章でも説明したとおりであるが、主に比較対象とされやすいCVCおよびアクセラレーションプログラムと時間軸、件数、主に使われている用途の観点でまとめると図6-5のようになる。ベンチャークライアントモデルは目的に対してシンプルに設計されているので、独立に実施しても機能しやすい。

　一方で、ベンチャークライアントモデルは各オープンイノベーション手法との共存が可能であり、相乗効果を生むこともできる。他のオープンイノベーション手法との調和、連携を確保し、同モデルの効果を最大限に発揮するためには、各手法の適切な理解が必要である。本項では主に他の手法との相乗効果について紹介したい。

CVC との相乗効果

　世界の優秀なオープンイノベーションの取り組みを紹介するイベントとして、2023年12月にパリで開催された国際商業会議所主催の「Corporate Startup Stars Awards」でも、スペイン Telefónica（テレフォ

ニカ）やフランス L'Oréal（ロレアル）など多くの企業がベンチャークライアントモデルと CVC を併用していることが示されている。また、BMW や Bosch、ドイツ Siemens（シーメンス）なども CVC とベンチャークライアントモデルを併用していることで知られる。

　比較的短期でスタートアップの持つ技術やソリューションから経済的利益を得るためにデザインされているベンチャークライアントモデルと、BS を使い長期でスタートアップのビジネス自体に投資する CVC とはすみ分けが可能（第2章の Siemens の事例参照）であり、お互いに連携することで相乗効果を発揮できる。

図 6-5　主なオープンイノベーション施策の比較

企業が主体となり実施する一般的なオープンイノベーション手法	手法概要	時間軸	標準的取り扱い社数	有効な活用方法
ベンチャークライアントモデル	●事業戦略と連動した戦略的課題を解決できるスタートアップの顧客になる手法（本格採用を前提）	●主に1～3年程度での事業利益実現	●年間20～30社程度からの購買 ●50%本格採用	●リスクを低減した上でのスタートアップ本格大量採用 ●新製品の開発およびオペレーションの改善を通じたPLインパクトの創出
アクセラレーションプログラム	●一定期間のプログラムを実施し、スタートアップとの協業を模索する手法（一般的に公募型）	●主に3～5年程度での事業利益実現	●1プログラム5～8社程度	●新規事業アイデアの創出 ●課題に対するスタートアップとの提携模索
CVC	●スタートアップ企業に出資を行う手法	●主に5年超の時間軸での投資利益、戦略的洞察獲得	●1年間5社程度	●スタートアップからの市場動向やビジネス環境の戦略的な洞察獲得 ●協業、M&Aの呼び水としての活用

　具体的には、多くの企業はベンチャークライアントである事業部や
R&D 部門について、柔軟な発想で経済的インパクトの大きい課題を抽
出することに慣れていないことで悩んでいる。この点、CVC から得ら
れる比較的長期で協業可能性のあるディスラプティブ（破壊的）なスター
トアップのビジネスモデルや技術からの着想を、ベンチャークライアン
トとなる事業部と共有することにより、ベンチャークライアントモデル
の Discover フェーズでより経済的インパクトのある課題を抽出するこ
とが容易になりやすい。また、CVC 投資の観点では、ベンチャークラ
イアントモデルでの採用を経た裏付けのある案件に対して、CVC から出
資することで成功確率を高めることができる。

アクセラレーションプログラムとの相乗効果

　一方、アクセラションプログラムは広く社外にスタートアップ協業の
取り組みを周知することや、新たな事業アイデアを創出することに向い
ている。そのため、当該手法をベンチャークライアントモデルほどフォー
カスしたスコープではなく、あえて幅広いソーシングの手段として活用
することで、特に新しい領域で事業部や R&D 部門が構想する課題の幅
を広げることも有効である。実際に、BMW が会社にとっても新規の領
域にあたるサステナビリティー領域で、柔軟な発想を持ちながら幅広く
スタートアップと取り組むために、アクセラレーションプログラムで広
めに募集を行った。その上で採択された企業に対して戦略的利益創出の
確率を高めるためにベンチャークライアントモデルを適用したのは第 4
章で紹介したとおりである。

　以上のように、導入の初期段階でそれぞれのオープンイノベーション
手法の位置付けや使い方を明確にして、他のオープンイノベーションの
手法と併用、連携を取ることで、ベンチャークライアントモデルのスムー
ズな導入が可能となる。

6-8 （組織・データ・文化）どのように 推進組織を確立するのか？

　ベンチャークライアントモデルの導入を検討する際には、いきなり組織変更を行い、同モデルを実施するためのユニットであるベンチャークライアントユニットを設ける必要があるのだろうか。

　確かにベンチャークライアントモデルを推進するための専門ユニットを設ければ、社内の事業部やR&D部門の課題を集合的に管理でき、課題を解決するスタートアップを探索する能力を短期間のうちに蓄積できるというメリットを得られる可能性がある。一方で、ベンチャークライアントユニットを新設するには、事前の詳細な計画に基づき、組織内の承認を取り付け、人事異動も行い、組織の立ち上げを行う必要があり、通常立ち上げ自体にコストと時間を要する。そのため、推進責任者としても担当者としても相当なプレッシャーを感じることになるだろう。

　あなたがもし、ベンチャークライアントモデルの導入を検討している場合、組織の新設は行わず、既存組織の枠組みの中で小さく始めることをお勧めする。いきなり正式なユニットを設ける前に、既存のオープンイノベーション部署や新規事業企画部門などで実施すればよい。ベンチャークライアントモデルが有効に機能するかの確信が持てないまま、いたずらに説得の時間やコストをかけるより、まずは結果を出すことにフォーカスした方がいいからである。初期的にはいきなり大量の課題抽出やスタートアップソリューション探索を目指すのではなく、まずは5つの経済的インパクトの大きい戦略的課題を抽出し、3つの有効なスタートアップソリューションを探索すれば十分である。解決対象となる課題は通常100万ドル（日本では1億円が目安）の課題となるので、もし3

つの有効なスタートアップソリューションを探索することができれば、ベンチャークライアントモデルを導入することにより、会社として経済的な利益を得られる可能性が高いことを社内の経営層に説明できる。

社内の経営層や事業部は利益の創出に日夜頭を悩ませている。一定規模以上の戦略的な利益が出る可能性が高いと伝えれば、全社的な協力を得られやすくなる。全社で協力の機運が醸成されれば、社内で組織を新設することに対する理解も得られやすい状況になっていると考えられる。この段階で、活動をスケールアップさせ、ベンチャークライアントユニットを設置する方が容易である。

次にベンチャークライアントユニットの規模について考えてみる。社内に設置するベンチャークライアントユニットの規模は、企業の規模とニーズによって異なる。例えばあなたの会社が1000人以下の企業であれば、おそらく最初は1人の人員で十分であろう。小規模な企業の場合、ベンチャークライアントモデルについて学ぶ意欲のある個人1人をユニットに配置するのがベストだと思う。

一方で、例えば売上規模1兆円を超えるような大企業は、通常多くの事業部門やR&D部門を持ち、組織全体に非常に多くの問題を抱え、関連するスタートアップ企業は膨大な数になる。この場合、ベンチャークライアントユニットも、多くの戦略的な課題を扱い、社内外の多数のステークホルダーとのコミュニケーションを行い、複数のフェーズにまたがる多様な活動を同時並行で推進しなければならない。そのため、ベンチャークライアントユニットの規模も大きなものになる。

大型の組織を運営する際は、ベンチャークライアント専任の有能なメンバーが数人いたとしても、課題の管理自体が複雑さを増し、潜在的な

解決策を探索、評価するだけでも一苦労であろう。このような場合には、Excel などでの管理は限界を迎える。経験上、1セットの課題およびソリューションの Discover から Adopt の過程で、数十種類のファイルが必要になる。

　活動が他部門にまたがっているので、これらに関する情報を把握するだけでも一苦労である。そのため、年間で扱う購買の数が5を超えた段階からは、メンバーを増員するだけではなく、これらを正確かつ適時に把握できる最適なテクノロジーの導入を検討することも重要になる。このように、まずは小さく、徐々に大きくしていくこと、および適切なインフラを整備することが重要になる。

6-9　（組織・データ・文化）日本企業が乗り越えるべき壁は？

　日本ではまだ多くの企業がベンチャークライアントモデルを採用していないことを理由として、「日本企業にもベンチャークライアントモデルが有効か？」という問いを受けることが多い。これには手法として確立したタイミングと文化が関係しているように思う。

　ベンチャークライアントモデルが目的としている「スタートアップの顧客になることで競争優位を得る」ことの有効性は、以前から知られていた。本書で紹介している事例だけでも数多くあるし、Apple がAdode の製品を Mac に搭載し商用化した 1985 年から認識はされていた。だが、スタートアップの顧客になる手法が競争優位につながることが直感的に理解しにくいこともあり、手法の体系化に時間がかかった。

　ベンチャークライアントモデルが手法として提唱されたのは 2015 年のこと。BMW で Gregor がスタートアップからの戦略的利益を最大化する手法として同モデルを提唱してからである。2015 年に BMW で産声を上げて以降、試行錯誤を繰り返し改善を重ね方法論として成熟してきた。同モデルが Harvard Business Review に取り上げられたのが2017 年、フランスのビジネススクール INSEAD で取り上げられたのが2020 年であり、手法論としては比較的新しいといえる。ここ数年の間に Bosch、Siemens、フランス AXA（アクサ）、欧州 Airbus（エアバス）、フランス L'Oréal（ロレアル）、フランス TotalEnergies（トタルエナジーズ）など 10 を超える業種の先進的な企業に導入されている。欧州を中心に急速な広がりを見せており、最近ではシリコンバレーでもグロー

バルの大手企業の数多くの拠点が積極的にベンチャークライアントモデルを展開している。

　直近でベンチャークライアントモデルの導入が急速に進みだしたのには環境面の変化があるように思う。数年間の大きな流れで見るとスタートアップへの資金流入額は増え続け、スタートアップの質はますます上がっている。一方で、スタートアップを求める新たな分野は増えてきている。企業としては、DX や SX の機運が高まり、企業が従来から培ってきた領域以外で最新の技術を取り込む必要性が生じたことから、競争優位性を確保するためにいち早くスタートアップと協業する手法が求められている。

　また、以前は限られたエコシステムの人間だけが関われるブラックボックスだったスタートアップの世界がオープンになりつつあり、データベース上の情報も充実してアクセスしやすくなってきている。世界のトップスタートアップと組むことを前提とするベンチャークライアントモデルの実行可能性も高まったため、手法化が進んだともいえる。

　日本でも今まさに変化が起こりつつある。先行企業が本格導入を開始しているのである。2024 年 3 月末に公表された経済産業省の「GX スタートアップの創出・成長に向けたガイダンス[6]」でも、ベンチャークライアントモデルが大企業側がスタートアップソリューションを活用する有効な手法として紹介された。2024 年 5 月には FUJI がベンチャークライアントモデルの手法を導入してイノベーション活動を加速させる旨のリ

---

[6]　経済産業省「GXスタートアップの創出・成長に向けたガイダンス」P52〜53
　　https://www.meti.go.jp/policy/energy_environment/global_warming/gx_startup/
　　gx_guidance.pdf

リースを公開している。今まさにベンチャークライアントモデルの普及が始まろうとしているのである。

　日本で今後さらに導入が進むための日本企業が乗り越えるべき壁のひとつに、スタートアップフレンドリーな文化の醸成と完璧主義の克服があるように思える。この点は、日本企業のみが苦しんでいる課題ではない。ベンチャークライアントモデル導入先進企業である欧州 Airbus（エアバス）の Head of Disruptive Research & Technology を務める Greg Ombach（グレッグ・オンバッハ）氏も「（ベンチャークライアントモデル導入に向けた）最も大きな障害の1つは、変化や企業文化に対する社内の抵抗である。その結果、多くの従業員がベンチャー企業との協業を拒否したり、ベンチャークライアントユニットのメリットを理解するのに手助けが必要だったりする。この課題を克服するために、企業は従業員にスタートアップのメリットや、社内のベンチャークライアントユニットがどのように自社のテクノロジーを活用してイノベーションと成長を促進できるかを理解してもらうためのトレーニングや啓蒙活動に投資しなければならない[7]」と語っている。

　本章の冒頭でも述べた通り、ベンチャークライアントは世界のトップスタートアップと協業することを前提にしている。世界のトップクラスのスタートアップは、他の企業との取引に影響する可能性があるコーポレートからの出資によるお金を必要としない。スタートアップは、スタートアップフレンドリーで優秀な顧客になることができる顧客を選ぶのである。最近、米国で6億ドル超を資金調達した技術スター

[7]　Greg Ombach, How Venture Client Units Are Revolutionizing Corporate Innovation, Forbes
https://www.forbes.com/sites/forbestechcouncil/2023/03/30/how-venture-client-units-are-revolutionizing-corporate-innovation/?sh=5562345c622c

トアップでは、1年以上先までサービス提供先が決まっている状況となっている。このようなトップクラスのスタートアップからみても魅力的な顧客でなくてはならないのである。そのためには、会社全体としてスタートアップフレンドリーでオープンな文化を醸成することが必須となるのである。

　具体的には、Airbus の Ombach 氏は、トップクラスのスタートアップと社内の交流を促しスタートアップの重要性の認識を高め、アジャイル開発手法を学ぶことによってスタートアップ的な考え方に対する理解を広め、社内外でオープンなコミュニケーションを取る組織を確立することを勧めている。

　ベンチャークライアントモデルを導入する上で重要になるのは、はじめから完璧を求めずに、「まずやってみる」マインドであるように思う。今まで会話をした中に、例えば、オペレーション改善についてはイメージできるが、新製品開発のイメージはつかないのでイメージがつくまで行動しないという企業が何社もあった。また、有効な課題が出ないかもしれないのでトライしないという企業もある。組織の設計や調達プロセスの変革がうまくいかないかもしれないという企業もあった。まずは、各事業部から課題が出るか試してみればよいし、難しければ、グローバルでスタートアップが解決しようとしている課題を束にして事業部に対してアイデアとしてぶつけてみてもよい。まずはそのままの組織やプロセスでできることをやってみて、実績が出て必要性に対するコンセンサスが取れてから活動をスケールアップしていけばよい。

　ベンチャークライアントモデルは、非常に拡張性のある手法である。年間30件程度の購買を行っている会社も複数社存在する。一方で、インパクトのある課題に絞ったとしても、スモールスタートでも十分に効

果が出る手法でもある。ベンチャークライアントモデルの導入に際しては、実際に行動して少しでも前に進められるかを試すという、まさにスタートアップのように挑戦し続ける姿勢が重要になる。

コラム｜政府調達へのベンチャークライアントモデルの活用

　日本政府は「スタートアップ育成5カ年計画」を掲げ、スタートアップの育成を強力にサポートすることをコミットしている。政府は様々な手法でスタートアップをサポートしているが、やはり一番魅力的なサポートは政府部門調達だろう[8]。

　一方で政府調達においては原則として入札が求められるため、一般的に実績が乏しいスタートアップは不利になる状況といえる。このような状況を打破しようと、政府は令和4年（2022年）の「スタートアップの新技術及び新サービス 調達促進入札[9]」ではスタートアップを対象とした新たな入札方式を検討している。同資料では、新技術等の活用による行政サービスの向上、業務効率化のニーズが存在している点も指摘されている。

---

[8]　2024年1月15日経済産業省「スタートアップにおける公共調達促進」などでは、地方自治体によるトライアル発注制度や行政と連携事例のあるスタートアップが紹介されている。
https://www.meti.go.jp/policy/newbusiness/public_procurement.html
また2022年 経済産業省「スタートアップ企業の公共調達促進について」などでは、スタートアップへの官公需法の適用やSBIRの拡充、適用を検討してきている。（官公需法とはスタートアップを含む中小企業者の政府需要からの受注機会を確保することを狙いとした法律のことであり、SBIRは中小企業者等に対して研究開発に関する補助金等の支出機会の増大を図るとともに、その成果の事業化を支援する制度）
https://www8.cao.go.jp/kisei-kaikaku/kisei/meeting/wg/2210_01startup/221201/startup05_01.pdf
これに加えて政府は継続的に行政で利用可能なサービスおよびその需要と実績の掘り起こしを行っている。

[9]　https://www8.cao.go.jp/kisei-kaikaku/kisei/meeting/wg/2210_01startup/221201/startup05_02.pdf

　そもそもベンチャークライアントモデルは、課題に基づきスタートアップの製品・技術を素早く購入し、本格採用を目指すことを支援するサポートツールでもある。実績の少ないスタートアップから最適な調達を行うことに特化した仕組みとも言える。この点、政府調達においてベンチャークライアントモデルを活用できる可能性が高いと考えられる。海外では実際に活用がはじまっている。

　ドイツのハンブルク市は、ベンチャークライアントユニットGovTecHH を 2022 年に設立した。GovTecHH は、課題を特定し、適切な市場ソリューションを探し、その実現可能性をチェックする機能を担っている。ハンブルク市では、GovTecHH の支援のもと電気自動車用充電ステーションの設置や市のポータルサイト hamburg.de の編集コンテンツなど多くのスタートアップの革新的な製品をテストしている。

　ハンブルク市では、IT 計画審議会の「行政と外部イノベーター／スタートアップ」ワーキンググループでの協議結果として 2022 年 1 月、同国で初となるベンチャークライアントモデルを活用した実験条項を調達ガイドラインに盛り込んだ。前提条件として、同市のベンチャークライアントユニット GovTecHH が発注プロセスに関与しており、契約のテーマが行政の近代化とデジタル化のための新技術の利用に関わるものであることを定めている。具体的には、10 万ユーロ以下かつ契約期間が 2 年以内で、行政のデジタル化のための新技術活用をテーマとした入札について、任意の 1 社だけの入札とすることができるとしている[10]。

---

[10] https://www.hamburg.de/pressearchiv-fhh/18028220/2024-01-02-sk-govtechh-experimentierklausel/より引用

　実績の少ないスタートアップに対して適切な発注を行うことができるベンチャークライアントモデルの仕組みを活用して、行政の課題解決とスタートアップの育成を同時に行うハンブルク市の取り組みは非常に参考になる。

おわりに
ベンチャークライアントモデルで日本を元気に

　2023 年、私は幸運にもベンチャークライアントモデルを BMW で考案した共著者の Gregor Gimmy をミュンヘンに訪ねる機会を得た。歴史的な建築が並び観光名所ともなっている旧市街アウシュタットからほどなく離れた閑静なエリアの小さなビルにオフィスを構えていた。BMW からは車で約 10 分ほどの距離だ。オフィスを訪ねると 190cm はある大柄な Gregor が笑顔で迎えてくれた。ベンチャークライアントモデルに加えて、日本とドイツの歴史、産業、文化、スタートアップエコシステムなど、当初の予定を大幅に超過して滞在を延長して彼と話し込んだ。ベンチャークライアントモデルが日本に必要だと確信し、是非紹介したいと思うようになった。

　ベンチャークライアントモデルはオープンイノベーションの手法論としても、自分が今まで感じてきた難しさをシンプルに解決する手法であった。そして、何よりも日本を元気にする手法であると直感した。ベンチャークライアントモデルはスタートアップの育成、エコシステムの成長に対して、大きな効果をもたらす。

　日本のスタートアップエコシステムの 1 つの大きな問題は、大企業がスタートアップのテクノロジーを本格導入しないことである。企業が知財を求めテクノロジースタートアップに受託を強いてしまうこともあれば、実績のないスタートアップに対する決裁を決め切れないために商談が破談になってしまうことも大きな原因である。スタートアップからみると、日々本当に商談を進めてくれるか分からない相手と延々と商談を繰り返している感覚だという。日本のテクノロジースタートアップで働

く友人は、興味があるといって面談しても話が実際に進むのは100件に1件という世界だと漏らしていた。

　この点、ベンチャークライアントモデルを正しく実行できれば、状況は全く変わる。大企業は戦略上の課題を起点に競争優位を獲得するための重要なパートナーとしてスタートアップを扱うことになる。また、少額発注や評価方法など適切にリスクをコントロールした仕組みを構築することにより、スタートアップとの取引を現場で決め切れるようになる。大企業はよりイノベーティブになり競争優位を獲得することができ、スタートアップは成長の機会を得てますます事業を発展させることができる。「大企業とスタートアップが手を取り合いともに成長する。新しい事業を創造し、よりよい未来を創る」。これは私が2010年に今の会社を共同創業してからずっとやりたかったことである。

　ベンチャークライアントモデルは、あくまでイノベーション手法でありツールである。生まれてから10年も経っていない。正しく使えば大きな効果を発揮することができるが、上手く使えなければ何の効果も生まない。Gregor自身もBMWで開発して以降、常に改善を重ねており、そして改善プロセスはこれからも続くという。ベンチャークライアントモデルの日本での導入も始まったばかりである。本書が皆さんがベンチャークライアントモデルを知るきっかけとなり、日本でも活発な議論がされるようになれば、筆者としてはこの上ない喜びである。

【謝辞】

　本書の執筆は多くの皆様の協力なくしてはなし得なかった。まずは約10年間かけてこの手法論を構築し実際に世に広めてきた共著者のGregor Gimmy 氏に心より敬意を評するとともに、感謝を申し上げたい。Gregor 氏は本書の執筆にあたって、惜しみなくノウハウを提供してくれるだけではなく、日本との文化差も考慮して様々なアドバイスを授けてくれた。また、入山章栄先生におかれては、書籍構想の初期段階からディスカッションをさせていただき、経営理論、イノベーション戦略の観点から、日本への導入において非常に貴重なご示唆を頂いた。改めて感謝を申し上げたい。

　加えて、オープンイノベーション、スタートアップ支援領域の最前線で活躍し深い経験と知見を持つ有識者の皆さんからのフィードバック、意見交換により本書は生み出された。

　改めて、有識者としてご支援いただいた楢﨑浩一氏、杉本直樹氏、Bernhard Schambeck 氏、五十棲丈二氏、Peter Valentin 氏、佐藤 睦氏、市川博一氏、安井邦博氏、木村澄人氏、樽谷範哉氏、小林秀憲氏、石井芳明氏、伊藤仁成氏にはこの場を借りて心より感謝を申し上げたい。有識者の皆様の多面的な分析や現場の最前線の知見なくしては本書の完成はなし得なかった。

　そして、本書の編集担当である日経 BP の浅川直輝氏には昼夜週末を問わず編集作業を行っていただき、客観的な観点から数多くの示唆を頂いたことにも感謝を申し上げたい。

最後に本書の執筆はこれまでの私の人生において、オープンイノベーションやスタートアップ支援に関する活動で関わりを持たせてもらった同志とのコミュニケーションによって生まれてきたものである。活動をとおして知り合った、やり取りさせていただいたすべての同志の皆様に改めて感謝を申し上げたい。本書が、一人でも多くの人がベンチャークライアントモデルを知り、考えるきっかけになることを願いつつ筆を置きたい。

　　　　　　　　　　　　　　　　　　　　2024 年 4 月　木村　将之

著者プロフィール

木村 将之

デロイト トーマツ ベンチャーサポート 取締役 COO ／
シリコンバレー事務所パートナー
27pilots Japan Country Head
Deloitte Private Asia Pacific, Emerging Growth Leader

　2010 年社内ベンチャーとしてスタートアップ支援と大企業のイノベーション支援を行うデロイト トーマツ ベンチャーサポートを 2 人で第 2 創業。15 年にシリコンバレー事務所を立ち上げ、日系企業を中心にシリコンバレーのトップスタートアップとの協業を成功に導く。22 年デロイトの成長企業支援のアジア地域リードパートナーに就任。Gregor 氏と出会い 27pilots Japan の代表に就任するとともに、ベンチャークライアントモデルを日本に広めることをミッションとする。

グレゴール・ギミー（Gregor Gimmy）

27pilots CEO

　BMW に在籍中、世界初のベンチャークライアントユニットである BMW Startup Garage の立ち上げに成功。ベンチャークライアントモデルとして、トップクラスのスタートアップから戦略的な利益を得ることを可能にするイノベーションの手法論に体系化し、専業のコンサルティング会社 27pilots を創業。BMW、ボッシュ、シーメンスなど 10 を超える業種の多くの企業に幅広くコンサルティングを提供する。IMD ビジネススクールのエグゼクティブ・イン・レジデンス、INSEAD ビジネススクールのゲスト講師、基調講演者としても活躍している。

スタートアップ協業を成功させるBMW発の新手法

ベンチャークライアント

2024年5月27日　第1版第1刷発行

著　　　者	木村 将之　グレゴール・ギミー
発　行　者	浅野 祐一
発　　　行	株式会社日経ＢＰ
発　　　売	株式会社日経ＢＰマーケティング
	〒105-8308　東京都港区虎ノ門4-3-12
ブックデザイン	小口翔平＋後藤司（tobufune）
制　　　作	マップス
編　　　集	浅川 直輝
印刷・製本	図書印刷株式会社

Printed in Japan
ISBN 978-4-296-20491-5